Strategia di Trading: Come Trasformare 1 ora in Profitto

Introduzione

Il trading è un'attività che richiede dedizione, impegno e conoscenza. Con la giusta strategia, tuttavia, è possibile trasformare il trading in una fonte di profitto e non solo di frustrazione. In questo libro, ti mostrerò come trasformare 1 ora di lavoro al giorno, e anche meno, in una fonte di reddito attraverso una strategia di trading provata e messa a punto fino ad ottenere dei risultati significativi. Ti guiderò attraverso i principi fondamentali del trading e ti mostrerò come utilizzare questa strategia in modo operativo con gli strumenti a disposizione di tutti. Non importa se sei un principiante o un trader esperto, questo libro ti fornirà una tecnica per raggiungere il successo nel trading. Iniziamo subito!

Sommario

Tipi di Trading

Scalping

Il trading può essere suddiviso in diverse categorie in base alla tempistica e allo stile di negoziazione utilizzati. Uno di questi stili è lo scalping.

Lo scalping è una forma di trading a brevissimo termine che mira a trarre profitto da piccoli movimenti dei prezzi dei mercati. Gli scalpers entrano ed escono dalle posizioni in pochi minuti o anche solo secondi, cercando di trarre profitto dalle piccole inversioni di tendenza del mercato.

Gli scalper utilizzano una serie di tecniche per identificare le opportunità di trading, tra cui lo studio dei grafici a breve termine, l'analisi dei volumi e l'utilizzo degli indicatori tecnici. In generale, gli scalper cercano di identificare il momento in cui il prezzo sta per invertire la tendenza e quindi entrano ed escono rapidamente dalle posizioni per trarre profitto.

Il vantaggio di questo tipo di trading è che gli scalper possono trarre profitto da piccoli movimenti dei prezzi, che possono essere difficili da prevedere per i trader a lungo termine. Tuttavia, lo scalping richiede un alto livello di attenzione e una grande capacità di reazione, poiché gli scalper devono essere in grado di entrare e uscire rapidamente dalle posizioni. Inoltre, poiché si basa su piccoli movimenti del mercato, la dimensione del profitto è generalmente più piccola rispetto ad altri tipi di trading.

Lo scalping prevende quindi tantissimi ordini al giorno, anche centinaia, per questo motivo è adatto a brokers e strumenti che prevedono commissioni prossime allo 0, altrimenti i costi mangerebbero i profitti, inoltre lo scalping necessita di fare trading a tempo pieno per monitorare costantemente l'andamento dei grafici.

Gli strumenti che si prestano meglio allo scalping possono essere i CFD e il Forex.

Day Trading

Il Day Trading è una forma di trading a breve termine in cui le posizioni vengono aperte e chiuse entro lo stesso giorno. Questo significa che i trader non tengono posizioni aperte durante la notte e non si espongono ai rischi legati alla volatilità dei mercati notturni. Il Day Trading si presta molto bene all'analisi tecnica, poiché i trader possono utilizzare i grafici giornalieri per identificare pattern e tendenze a breve termine. Il Day Trading richiede un impegno a tempo pieno, poiché i trader devono essere in grado di monitorare costantemente i mercati e reagire rapidamente alle opportunità di trading. Inoltre, il day trading richiede un'alta dose di disciplina, poiché gli operatori devono essere in grado di seguire il proprio piano di trading ed evitare di lasciarsi trasportare dalle emozioni. Il Day Trading è adatto sia per il mercato azionario che per i CFD che Forex, in questi casi è importante utilizzare una piattaforma di trading affidabile e performante, in grado di fornire dati in tempo reale e strumenti per l'analisi tecnica. In generale, il Day Trading è una forma di trading adatta ai trader attivi che cercano di trarre profitto dai movimenti a breve termine dei mercati e che sono disposti a dedicare tempo e impegno per monitorare costantemente le loro posizioni.

Swing Trading

Lo swing trading è una forma di trading a medio termine che mira a trarre profitto dai movimenti dei prezzi dei mercati su un orizzonte temporale di qualche giorno fino a un mese. Gli swing trader entrano ed escono dalle posizioni in un periodo di tempo più lungo rispetto agli scalper, ma più breve rispetto ai trader a lungo termine.

Lo swing trading si basa sia sull'analisi tecnica che fondamentale per identificare le opportunità di trading. Gli swing trader utilizzano diverse tecniche di analisi, come l'analisi dei volumi, l'utilizzo degli indicatori tecnici e l'osservazione dei fondamentali del mercato per identificare le opportunità di trading. In generale, gli swing trader cercano di identificare il momento in cui il prezzo sta per invertire la tendenza e quindi entrano ed escono dalle posizioni per trarre profitto.

Il vantaggio di questo tipo di trading è che gli swing trader possono trarre profitto dai movimenti dei prezzi a medio termine, che possono essere più facili da prevedere rispetto ai movimenti a breve termine. Tuttavia, lo swing trading richiede comunque un alto livello di attenzione e una certa capacità di reazione, poiché gli swing trader devono essere in grado di entrare e uscire dalle posizioni nel momento giusto. Il trading a tempo pieno non è necessario, poiché gli swing trader possono fare trading anche solo un'ora al giorno o nei fine settimana. Lo swing trading segue la tendenza di mercato, il trading sui movimenti di rintracciamento e grafico a candele o barre con time frame di 1H/4H sono elementi chiave per questo tipo di trading.

Entreremo più nel dettaglio di questa tipologia di trading nei prossimi capitoli.

Position Trading

Il Position Trading è una forma di trading a lungo termine in cui gli operatori mantengono posizioni aperte per mesi o addirittura anni. Gli operatori di Position Trading seguono gli obiettivi a lungo termine e si concentrano sull'analisi fondamentale per identificare le opportunità di investimento.

Il Position Trading si basa sull'analisi di dati economici, finanziari e di mercato per identificare le tendenze a lungo termine e le opportunità di investimento. Gli operatori di Position Trading cercano di identificare le società con un solido track record e prospettive di crescita a lungo termine, nonché le tendenze economiche e di mercato più favorevoli.

Il Position Trading richiede una grande quantità di ricerca e analisi; infatti, gli operatori devono essere in grado di valutare attentamente i fondamentali delle società e le tendenze di mercato. Inoltre, poiché le posizioni vengono mantenute per un lungo periodo di tempo, gli operatori di Position Trading devono essere in grado di gestire il rischio e di avere la pazienza di aspettare che le loro previsioni a lungo termine si avverino.

Il Position Trading è una forma di trading adatta a coloro che cercano investimenti a lungo termine e che sono disposti a dedicare tempo e sforzi per la ricerca e l'analisi dei fondamentali delle società e delle tendenze di mercato.

Passi Fondamentali per Iniziare a Fare Trading

1 Definire il Tempo da Dedicare: come conciliare gli impegni quotidiani con la negoziazione

La quantità di tempo che si deve dedicare al trading dipende, come visto, dal tipo di trading che si sceglie di praticare. Ad esempio, lo scalping richiede una costante attenzione e una grande capacità di reazione, poiché gli scalper devono essere in grado di entrare e uscire rapidamente dalle posizioni. Al contrario, il position trading richiede meno attenzione quotidiana poiché le posizioni vengono mantenute per mesi o anni.

Per coloro che hanno impegni quotidiani come un lavoro o altre responsabilità, è importante trovare un equilibrio tra questi impegni e il tempo dedicato al trading. Ciò può significare dedicare solo un'ora al giorno al trading o nei fine settimana, o utilizzare strumenti per automatizzare alcune attività di trading.

2 Definire il Capitale da Investire nel Trading

Definire il capitale da investire è un passo cruciale nell'avvio del trading. Si raccomanda di non investire più del 15-20% del proprio portafoglio in trading, anche se per i professionisti questo limite può aumentare fino al 50%. Utilizzando solo una piccola percentuale del proprio patrimonio, si può gestire meglio il rischio e accettare eventuali perdite.

Il trading è un'attività ad alta volatilità, quindi non c'è un rendimento certo e continuo. Ci sono rischi di drawdown importanti, ossia improvvisi rendimenti negativi, da considerare con riduzione temporanea della liquidità. È importante imporsi un limite per evitare di cadere nella ludopatia e seguire un processo di trading con scrupolo per evitare di agire in modo irrazionale. Inoltre, è fondamentale non utilizzare mai, per la speculazione, denaro che potrebbe causare difficoltà finanziarie, come ad esempio non essere in grado di pagare una rata del mutuo o spese essenziali.

3 Scegliere il mercato di trading in base al proprio capitale iniziale

Nella scelta del mercato su cui operare, un fattore importante da considerare è il proprio capitale iniziale. Se si dispone di un capitale iniziale basso, si possono utilizzare strumenti a leva come i contratti per differenza (CFD) per aumentare i potenziali guadagni. Tuttavia, questi strumenti presentano un alto rischio di bruciare tutto il proprio capitale a causa della loro natura.

Al contrario, se si dispone di un alto capitale iniziale, si possono scegliere opzioni meno volatili rispetto gli strumenti a leva, come le azioni, gli ETF (Exchange-Traded Funds) ed è facilitata la diversificazione del proprio portafoglio. In questo modo, si riducono i rischi di perdere il proprio capitale e si aumentano le possibilità di guadagno a lungo termine.

In generale, è importante scegliere il mercato di trading in base alle proprie capacità finanziarie e al proprio profilo di rischio. È importante conoscere le caratteristiche degli strumenti che si vogliono utilizzare.

4 Gli strumenti di trading

La scelta degli strumenti di trading è fondamentale per il successo del proprio portafoglio. Esiste una vasta gamma di opzioni disponibili, ognuna con i suoi pro e contro. È importante comprendere bene le caratteristiche degli strumenti con cui si vuole operare. In questo paragrafo, descriveremo a grandi linee i principali strumenti di trading disponibili, ma si invita ad approfondirne la conoscenza.

Strumenti	orizzonte temporale	Capitale	complessità	rischio relativo fra gli strumenti	intra day	multi day
Azioni	breve, medio, lungo	basso, medio, alto	bassa	basso	sì	sì
Obbligazioni	breve, medio, lungo	medio, alto	media	basso	no	sì
Opzioni	breve, medio	basso, medio, alto	alta	alto	no	sì
Futures	breve	basso	alta	alto	sì	sì
CFD (Derivati)	breve	basso	media	alto	sì	no
Forex	breve	basso	alta	alto	sì	sì
Certificates (Derivati)	breve	basso	media	alto	sì	sì
ETP (ETF, ETC)	breve, medio, lungo	basso, medio, alto	media	medio	sì	sì

- **Azioni**

   Le azioni rappresentano una quota del capitale di un'azienda e il prezzo di una singola azione varia in base alla stima di crescita dell'azienda. I fondamentali dell'azienda come il capitale, gli utili e il fatturato giocano un ruolo importante nella valutazione del prezzo di un'azione. Inoltre, il prezzo può aumentare se c'è una maggiore richiesta e quindi domanda rispetto all'offerta, poiché i venditori chiederanno prezzi maggiori e troveranno compratori disposti ad acquistare perché sono fiduciosi che il valore continuerà ad aumentare. Al contrario, il prezzo può diminuire se c'è una maggiore offerta rispetto alla domanda, poiché i venditori accetteranno un prezzo inferiore dai compratori pur di liberarsi dell'azione prima che perda ulteriore valore.

   Alcune azioni, se tenute per un lungo periodo, possono prevedere il versamento di dividendi, ossia quote degli utili che l'azienda decide di distribuire agli investitori.

   Il comportamento delle singole azioni è meno legato alle notizie macroeconomiche rispetto ad altri strumenti di trading, ma comunque influenzato. In generale, gli andamenti delle azioni possono essere spiegati da modelli di comportamento del mercato.

- **Obbligazioni**

   Le obbligazioni rappresentano un'opzione di investimento attraente per coloro che cercano stabilità e rendimenti prevedibili. Come investitori, prestiamo denaro ad aziende o governi (emittenti) in cambio di interessi regolari e il rimborso del capitale alla scadenza del bond. I rendimenti delle obbligazioni possono essere corrisposti come interessi semestrali o annuali o come pagamenti di dividendi. In caso di vendita prima della scadenza, il valore delle obbligazioni è determinato dal prezzo di mercato.

È importante notare che, sebbene i rendimenti delle obbligazioni siano solitamente più bassi rispetto alle azioni, il rischio associato è inferiore. Le obbligazioni offrono un'elevata liquidità poiché possono essere acquistate e vendute in qualsiasi momento e sono meno suscettibili alla volatilità del mercato rispetto alle azioni.

- **CFD**

  I CFD (Contratti per Differenza) sono uno strumento finanziario che permette agli investitori di speculare sul prezzo di un asset sottostante senza necessariamente possederlo, stipulando un contratto con il broker o la banca sulla differenza di prezzo. Gli investitori possono decidere di andare long (al rialzo) se ritengono che il valore dell'asset aumenterà o short (al ribasso) se ritengono che il valore dell'asset diminuirà.

  Questi contratti, scambiati OTC (over-the-counter) con il broker cioè direttamente con l'emittente al di fuori di un mercato regolamentato, comportano, appunto, un rischio emittente: in caso di fallimento del broker si potrebbe perdere l'intero investimento. Inoltre, essendo scambiati in mercati non regolamentati, è importante prestare attenzione allo spread fra Bid e Ask, ovvero la differenza tra il prezzo di acquisto e quello di vendita dell'asset sottostante, per evitare rendimenti inferiori a causa di grosse variazioni.

  I CFD possono essere scambiati utilizzando il margine o la leva finanziaria. Ad esempio, in IBKR (Interactive Brokers) il margine richiesto è del 20%, il che corrisponde ad una leva di 5 (1 euro sul CFD muove 5 euro del sottostante). Inoltre, i CFD non hanno una scadenza fissa, ma possono avere commissioni elevate se detenuti oltre la chiusura della giornata (premio overnight). Tali commissioni possono essere anche del 2% all'anno, ma con la leva finanziaria applicata, l'ammontare può aumentare. Per questo motivo i CFD sono particolarmente adatti per il trading intraday (day trading) e si prestano quindi all'analisi tecnica.

- **Futures**

  I Futures sono un altro strumento finanziario utilizzato per speculare sui prezzi degli asset sottostanti. A differenza dei CFD, i Futures sono contratti standardizzati che prevedono un accordo fra acquirente e venditore per acquistare o vendere un asset ad un prezzo specifico in una data specifica nel futuro, indipendentemente dal valore di mercato che ci sarà in quel momento. Questi contratti vengono scambiati su un mercato organizzato, come ad esempio la Borsa di Chicago, dove gli investitori possono acquistare o vendere i contratti in base alle loro previsioni sul prezzo futuro dell'asset sottostante. In questo caso l'acquirente ha l'obbligo di acquistare l'asset sottostante alla scadenza del contratto, mentre il venditore ha l'obbligo di venderlo. Se un investitore ritiene che il prezzo dell'asset sottostante aumenterà, può acquistare un contratto Future, mentre se ritiene che il prezzo diminuirà può vendere un contratto. Inoltre, i Futures possono essere utilizzati anche per coprire il rischio di fluttuazioni dei prezzi degli asset sottostanti, come le materie prime e le valute, da parte di aziende e commercianti che hanno bisogno di proteggere i propri margini di profitto.

- **Opzioni**

  Le opzioni sono contratti finanziari che danno al compratore il diritto (ma non il dovere) di acquistare o vendere un asset sottostante entro una data specifica (maturity o expiration date) ad un prezzo prefissato (strike) in cambio di un premio pagato al venditore. Questo premio rappresenta il costo per acquisire il diritto di acquistare o vendere l'asset. Le opzioni possono essere scambiate per un periodo lungo o breve, a seconda delle esigenze degli investitori. Esse vengono scambiate con il broker e possono essere utilizzate per diversi scopi, tra cui la copertura del rischio o la speculazione. Ci sono due tipi di opzioni: le opzioni CALL e le opzioni PUT. Le opzioni CALL danno il diritto di acquistare l'asset sottostante e sono utilizzate per una posizione rialzista del sottostante. Le opzioni PUT danno il diritto di vendere l'asset sottostante e sono utilizzate per una posizione ribassista del sottostante. Il sottostante più comune per le opzioni è l'azionario, in cui un'opzione corrisponde a un pacchetto di 100 azioni.

Le opzioni possono essere utilizzate per generare rendimenti significativi a fronte del pagamento del premio, ma è importante notare che serve la disponibilità di un capitale sufficiente per coprire tutta la posizione del sottostante in caso di esercizio dell'opzione.

Grazie alle catene di opzioni si può creare un effetto leva traendo profitto dai movimenti del sottostante pagando solo il valore del premio di ogni opzione, per questo le opzioni possono essere utilizzate per generare rendimenti significativi.

- **Forex**

   Il mercato Forex, noto anche come mercato valutario o mercato delle valute, è un mercato globale dove le valute vengono scambiate tra loro. È il più grande mercato finanziario del mondo per volume scambiato e offre una liquidità estremamente elevata, il che significa che ci sono sempre compratori e venditori disponibili a scambiare valute. Ciò consente agli operatori di entrare e uscire dalle posizioni in qualsiasi momento con spread di prezzo meno divergenti.

   Una delle caratteristiche più distintive del mercato Forex è la sua apertura 24 ore al giorno, 5 giorni alla settimana. Ciò permette agli operatori di negoziare in qualsiasi momento, senza essere limitati dalle chiusure dei mercati. Inoltre, il mercato Forex è composto da coppie di valute, ovvero un'unità di una valuta viene scambiata con un'unità di un'altra valuta.

Il mercato Forex offre anche l'opportunità di utilizzare la leva finanziaria, il che significa che gli operatori possono negoziare con un importo maggiore rispetto al loro deposito di margine. Ciò consente agli operatori di aumentare potenzialmente i loro guadagni, ma allo stesso tempo aumenta anche il rischio. Inoltre, il mercato Forex è estremamente volatile, il che significa che i tassi di cambio possono cambiare rapidamente e in modo imprevedibile, offrendo opportunità di trading ma richiedendo anche un'adeguata gestione del rischio.

In generale, il mercato Forex è molto speculativo e rischioso, ma allo stesso tempo può essere molto redditizio per gli operatori esperti che hanno una buona comprensione delle dinamiche del mercato e delle tecniche di gestione del rischio.

5 Scegliere il Broker

Il broker è il mediatore tra l'investitore e il mercato e ha il compito di fornire un'ampia gamma di strumenti e servizi per aiutare l'investitore a negoziare. La scelta del broker giusto dipende dalle esigenze e dalle preferenze dell'investitore, ma ci sono alcune caratteristiche che devono essere considerate.

Innanzitutto, è importante scegliere un broker regolamentato e affidabile. Ciò significa che il broker deve essere regolamentato da un'autorità finanziaria competente e deve seguire le norme e le leggi del paese in cui è registrato. Inoltre, è importante verificare la reputazione del broker.

La scelta del broker è un aspetto fondamentale per chi decide di investire e fare trading. Uno dei primi fattori da considerare è il costo delle commissioni per operazione, poiché queste possono influire significativamente sui guadagni o sulle perdite nette. In generale, è consigliabile scegliere un broker che offra commissioni basse e trasparenti, in modo da avere una maggiore chiarezza sulle proprie operazioni.

Inoltre, è importante verificare se il broker offre servizi per la dichiarazione dei redditi, poiché questi possono facilitare notevolmente l'adempimento di questo obbligo fiscale per l'investitore. Un buon broker dovrebbe fornire strumenti per la generazione automatica di documenti per la dichiarazione dei redditi, oppure offrire servizi di consulenza fiscale per gli operatori.

In generale, la scelta del broker dovrebbe essere basata su una valutazione attenta delle caratteristiche e dei servizi offerti, al fine di individuare quello che meglio soddisfa le esigenze e le aspettative dell'investitore. È importante fare una comparazione tra i diversi broker e leggere le recensioni degli utenti per avere un'idea più precisa dei servizi offerti e della qualità del supporto.

6 Studiare

L'importanza dello studio per il trading non può essere sottovalutata. Fare trading senza la giusta conoscenza e comprensione del mercato può essere estremamente rischioso e portare a perdite significative. Pertanto, è fondamentale per qualsiasi trader, sia principiante che esperto, dedicare del tempo allo studio e alla formazione per migliorare le proprie conoscenze e abilità.

La formazione può includere la lettura di libri e articoli sul trading, la visione di video tutorial e webinar, la partecipazione a corsi di formazione online o in presenza o addirittura la partecipazione a un programma di mentoring con un trader esperto. È importante scegliere fonti affidabili e imparare a riconoscere le informazioni errate o fuorvianti.

Inoltre, è importante sviluppare una solida comprensione dei fondamenti economici e delle notizie che influenzano il mercato, così come l'analisi tecnica e fondamentale per prendere decisioni informate. Inoltre, è importante anche imparare a gestire il proprio rischio e a sviluppare una strategia di trading solida.

In definitiva, lo studio e la formazione sono fondamentali per il successo nel trading. Dedicare del tempo alla formazione può aiutare a migliorare le proprie conoscenze e abilità, aumentare la comprensione del mercato e delle sue dinamiche, e può portare a sviluppare una strategia di trading solida.

7 Definire un Processo e Mantenersi alle Regole

L'importanza di definire una strategia, un processo e mantenersi alle regole del processo è fondamentale per il successo nel trading. Una strategia ben definita consente di avere un piano d'azione chiaro e di sapere in anticipo come reagire alle varie situazioni di mercato. Inoltre, avere un processo ben strutturato e seguirlo rigorosamente consente di prendere decisioni obiettive e di evitare errori emotivi. Mantenere la disciplina e seguire il processo è essenziale per evitare di deviare dalla strategia originale e per evitare di prendere decisioni avventate. Inoltre, avere un processo ben strutturato e seguirlo rigorosamente consente di monitorare i propri progressi e di apportare eventuali modifiche alla strategia in base alle esigenze del mercato. In sintesi, avere una strategia ben definita, un processo ben strutturato e seguirlo rigorosamente è fondamentale per il successo nel trading e per ottenere profitti sostenibili.

8 Pratica con un Conto Demo

Fare pratica con un conto demo è un passo fondamentale perché consente di fare trading senza rischiare denaro reale e offre comunque la possibilità di imparare dalle proprie esperienze e sviluppare la propria strategia.

Per ottenere il massimo dal proprio conto demo, è importante utilizzarlo per un periodo di tempo sufficientemente lungo, di solito 3-6 mesi o più, fino a quando non si trova una strategia che dia profitto. In questo periodo di tempo, è importante evitare di utilizzare strategie troppo complesse, come quelle che utilizzano troppi indicatori, in quanto possono essere difficili da comprendere e gestire.

Inoltre, è importante impostare ordini con un importo massimo del 5-10% del valore del proprio capitale in trading. Questo aiuta a gestire il rischio e a evitare di perdere troppo denaro in una sola operazione.

In generale, fare pratica con un conto demo è un ottimo modo per imparare le basi del trading e per sviluppare la propria strategia, ma è importante ricordare che il trading reale comporta sempre dei rischi e che è necessario utilizzare sempre una gestione del denaro adeguata.

9 Studio e Pratica con un Conto Reale

L'approccio alla pratica con un conto reale è molto importante, a differenza dei conti demo, i conti reali implicano l'utilizzo di denaro vero, il che significa che è possibile fare esperienza con i rischi e le emozioni reali del trading.

È consigliabile iniziare con un importo più basso e aumentarlo progressivamente. Questo permette di rischiare gradualmente e di abituarsi a gestire lo stress del trading con gradualità. In questo modo, si può iniziare a capire come il proprio sistema di trading si comporta con denaro reale.

Inoltre, è importante continuare a studiare e a perfezionare le proprie strategie di trading. Nonostante l'esperienza acquisita con un conto reale, è importante continuare a cercare nuove opportunità e a migliorare le proprie tecniche di trading.

Infine, è importante mantenere una mentalità disciplinata e seguire regole di gestione del denaro rigorose. Con una combinazione di studio, pratica e disciplina, si può diventare trader di successo.

10 Check list operativa

Ecco alcuni punti importanti da considerare nel momento in cui si inizia ad analizzare il mercato e a scegliere quando e come entrare, in pratica alcuni punti da scorrere quando si fa trading:

1. Verificare se il mercato è in tendenza: per farlo, è possibile utilizzare indicatori di trend come la media mobile a 200 periodi o il "supertrend" o altri indicatori o metodi che possono adattarsi al tipo di trading e mercato. Uno studio approfondito porterà a definire il modo migliore per la propria strategia.

2. Seguire un robusto money management: è importante gestire il proprio rischio e il proprio capitale in modo adeguato a evitare perdite troppo significative.

3. Riconoscere un bull market e un bear market: capire in quale momento del mercato ci si trova aiuta a prendere decisioni più informate.

4. Avere un metodo, un piano: avere una strategia ben definita e un piano d'azione aiuta a mantenere la disciplina durante il trading.

5. Conoscere a fondo la propria metodologia: conoscere i propri strumenti e il processo dietro la propria strategia in modo approfondito aiuta a prendere decisioni più informate.

6. Attenzione ai momenti particolari della propria vita: eventi personali come matrimoni o nascite o in generale momenti in cui le emozioni possono influire sulla propria concentrazione e sulla propria capacità di prendere decisioni informate.

7. Riflessione sugli errori: analizzare i propri errori aiuta a imparare dalle proprie esperienze e a migliorare la propria strategia in futuro.

Gestione del Rischio

La gestione del rischio è importante in trading poiché aiuta a proteggere il proprio portafoglio e a minimizzare le perdite. Anche nelle strategie vincenti e profittevoli il rischio è sempre presente in quanto, quando si investe in mercati finanziari, non c'è alcuna garanzia di guadagno in ogni operazione.

La gestione del rischio mira a identificare e quantificare il rischio di riduzione del portafoglio, per poi implementare strategie per limitarlo o mitigarlo. Questo può essere fatto utilizzando tecniche come la gestione delle perdite o il controllo delle dimensioni delle posizioni. La gestione del rischio è fondamentale per la sopravvivenza a lungo termine nel trading e aiuta a garantire che il proprio portafoglio sia protetto da eventuali drawdown significativi. La gestione del rischio permette di mantenere un approccio disciplinato e coerente al trading.

Nella tabella seguente si vede come, nel caso di leva 1, una perdita momentanea del 20% sull'intero capitale investito richiederebbe poi rendimenti del 25% per poter ritornare ai valori iniziali antecedenti il drawdown. Questa forcella di valori diverge sempre di più all'aumentare del drawdown: in caso di perdita del 50% del capitale sarebbe necessario un rendimento del 100% per poter recuperare.

capitale iniziale	%drawdown	capitale residuo	% rendimento per recuperare
10.000,00	1%	9.900,00	1%
10.000,00	5%	9.500,00	5%
10.000,00	10%	9.000,00	11%
10.000,00	15%	8.500,00	18%
10.000,00	20%	8.000,00	25%
10.000,00	25%	7.500,00	33%
10.000,00	30%	7.000,00	43%
10.000,00	35%	6.500,00	54%
10.000,00	40%	6.000,00	67%
10.000,00	45%	5.500,00	82%
10.000,00	50%	5.000,00	100%
10.000,00	55%	4.500,00	122%
10.000,00	60%	4.000,00	150%

Una misura per limitare il rischio momentaneo di riduzione del portafoglio è l'utilizzo di stop protettivi, che sono prezzi predeterminati ai quali si chiude automaticamente una posizione se il prezzo raggiunge un livello di perdita accettabile. La perdita è calcolata come differenza fra entrata e stop protettivo moltiplicata per il numero di quote.

$$losses = (Pb - Psl) \times Q$$

Dove: *Pb= Prezzo di acquisto; Psl=Prezzo stop loss (prezzo di stop protettivo); Q=numero quote*

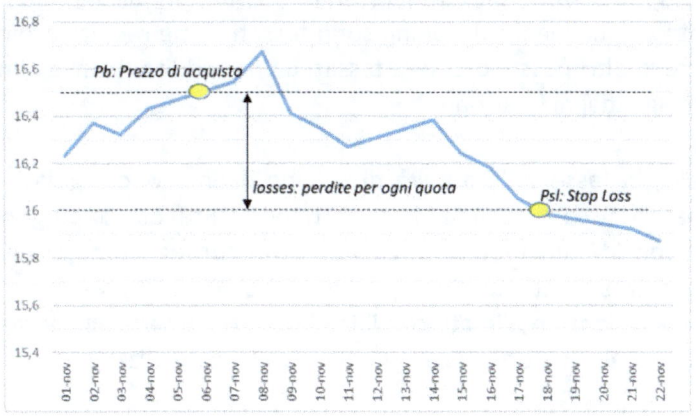

È importante operare con il controllo della perdita per evitare di perdere una parte importante del proprio capitale in un singolo trade.

La leva finanziaria amplifica le perdite in caso di drawdown. Ad esempio, se si ha una perdita del 10%, con una leva finanziaria a x10, si avrebbe un annullamento del valore in portafoglio. Per questo motivo è sconsigliato operare con la leva finanziaria soprattutto se si è un trader alle prime armi.

Esistono diverse tecniche per la gestione del rischio e meritano di essere approfondite e capite. Nei prossimi capitoli verrà descritto operativamente la tecnica proposta per definire la quantità dell'ordine al fine di avere una perdita controllata nel caso il trade non sia profittevole.

Tasse

Il trading sui mercati finanziari comporta l'obbligo di pagare le tasse sul reddito derivante dalle attività di trading. Questo può variare in base alla giurisdizione in cui si opera e alla natura della propria attività di trading.

Per evitare di incappare in problemi fiscali, è importante che ogni trader conosca le leggi fiscali del proprio paese e si informi su come i guadagni derivanti dal trading sono tassati. In alcuni paesi, ad esempio, i guadagni sul trading sono tassati come reddito ordinario, mentre in altri possono essere tassati come reddito da investimento o come guadagni finanziari.

In Italia, le tasse sulle attività di trading online sono regolate dalla normativa fiscale italiana. Il reddito derivante dal trading online viene considerato reddito di capitali e, di conseguenza, è soggetto all'imposta sul reddito delle persone fisiche (IRPEF). La tassazione sulle plusvalenze realizzate con il trading varia in base alla durata del possesso del bene e alla quantità di plusvalenze realizzate.

Per quanto riguarda le operazioni di breve termine, il reddito derivante dalle plusvalenze è tassato al **26%**.

È importante tenere presente che le regole fiscali possono cambiare e che è sempre necessario consultare un esperto fiscale per avere informazioni dettagliate e precise sulle tasse delle attività di trading online in Italia.

In Italia, è molto importante tenere traccia dei propri guadagni e perdite derivanti dal trading. In questo modo, sarà possibile determinare il reddito annuale e le tasse da pagare. Nel caso in cui si utilizzi un Broker non italiano, è importante sapere che si opera in **regime dichiarativo**. Questo significa che il titolare del conto deve effettuare personalmente i calcoli e versare le imposte dovute. Tuttavia, alcuni broker offrono un modello F24 precompilato per facilitare il processo di dichiarazione delle tasse. Altri Broker non hanno il modello precompilato ma permettono di scaricare un report di tutti i movimenti, guadagni e le perdite derivanti dal trading da presentare ad un commercialista o un servizio di dichiarazione dei redditi specializzato per aiutare a gestire le complessità fiscali del trading. Da considerare questi costi nel bilancio netto della attività di trading.

Nel caso si operi con broker o banche italiane vale il **regime amministrato** in cui il broker è incaricato di effettuare i calcoli e versare le imposte dovute sui guadagni realizzati dal cliente. In questo regime, il broker è tenuto a inviare periodicamente al cliente una certificazione dei guadagni realizzati e a versare le imposte dovute sulla base di questa certificazione. Il cliente non è obbligato a tenere una contabilità individuale e a effettuare i calcoli delle tasse da versare, in quanto tutto ciò è gestito dal broker. Questo sistema è conveniente per chi non ha conoscenze approfondite in materia fiscale o desidera semplificare la propria gestione fiscale. Tuttavia, è importante verificare se il broker offre un servizio di regime amministrato affidabile e se i costi per questo servizio sono accettabili.

$Net\ Profit = Profit - Tax - Tax\ Return\ Cost\ Service$

Pattern Pullback

Cercare un pattern pullback è una tecnica di trading "trend follower" che si basa sulla strategia di swing trading sviluppata da Dave Landry. In parole più semplici, il pattern pullback si concentra sulle tendenze del mercato e cerca di identificare i momenti in cui il mercato si sta correggendo per poi riprendere la sua tendenza originaria. Il concetto principale dietro a questo approccio è quello di identificare i movimenti di correzione (pullback) del mercato e sfruttare questi momenti per entrare a mercato.

Questa strategia prevede di aspettare che il prezzo del titolo si sposti al di fuori della sua gamma di trading normale, per poi entrare a mercato nel momento in cui il prezzo inizia a riprendere la sua tendenza originaria.

Il pattern pullback si basa sul modello comportamentale che si manifesta quando un titolo o un asset ha registrato un forte aumento di prezzo e inizia a correggere la sua performance. La logica alla base di questo pattern è che gli investitori che hanno acquistato l'asset vorranno prendere profitto quando il prezzo cresce sensibilmente causando così un eccesso di offerta che porta a far scendere i prezzi, e chi ha acquistato vicino al massimo decide di vendere per evitare ulteriori perdite alimentando così l'eccesso di offerta e portando ad una piccola inversione della tendenza. Altri investitori, scoraggiati dall'acquisto a prezzi più elevati, vedono ora una possibilità di acquistare "a sconto" l'asset che credono possa crescere di valore, riversandosi così ad acquistare e generando una inversione nel bilancio domanda e offerta che porta i prezzi nuovamente in una tendenza di crescita.

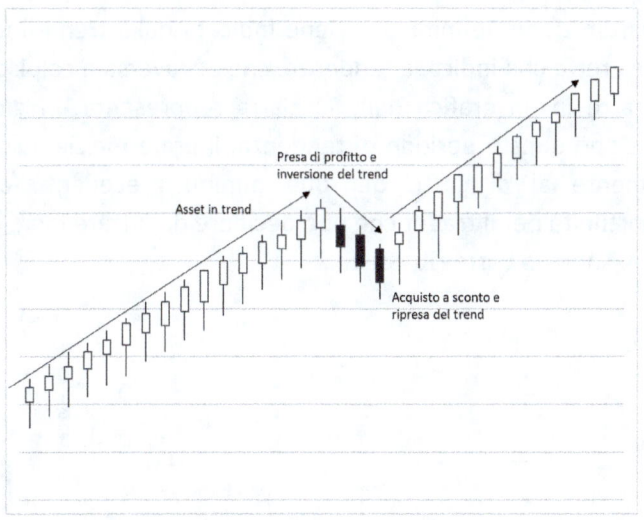

Questo pattern è un'opportunità per gli investitori che utilizzano una strategia di swing trading di entrare a prezzi più convenienti e trarre profitto dalla successiva ripresa del prezzo.

La strategia di Dave Landry è stata successivamente adattata sulla base di ulteriori studi e dati statistici raccolti dalla pratica. Questo ha permesso di adattare la strategia agli obiettivi impostati. Il trader che adotta questa strategia dovrà prestare attenzione a diversi fattori, come la volatilità del mercato, la forza della tendenza e la stabilità del prezzo.

In sintesi, il pattern pull back è una strategia efficace per i trader che vogliono sfruttare i movimenti di correzione del mercato per entrare a mercato e realizzare profitti.

Di seguito saranno descritte le caratteristiche dei principali pattern pullback e della operatività utilizzati come base della strategia. Nella descrizione dei pattern ci si riferisce ad una tendenza rialzista, per un trend ribassista i pattern mostrano comportamenti speculari.

Pullback persistenti

Il pullback persistente è un pattern che si verifica in un mercato in cui c'è una tendenza ben definita. Il trend può durare per un mese o più, con una direzione definita che viene indicata dalla trend line, ossia una linea retta che indica la tendenza, che attraversa e colpisce tutte le 20 barre in un grafico daily (1 barra rappresenta un giorno di trade). Dopo questo periodo di tendenza, il prezzo inizia a scendere bruscamente al di sotto dei due minimi precedenti, creando un'opportunità per il trader che può decidere di entrare long, ossia in acquisto, sopra la barra ribassista.

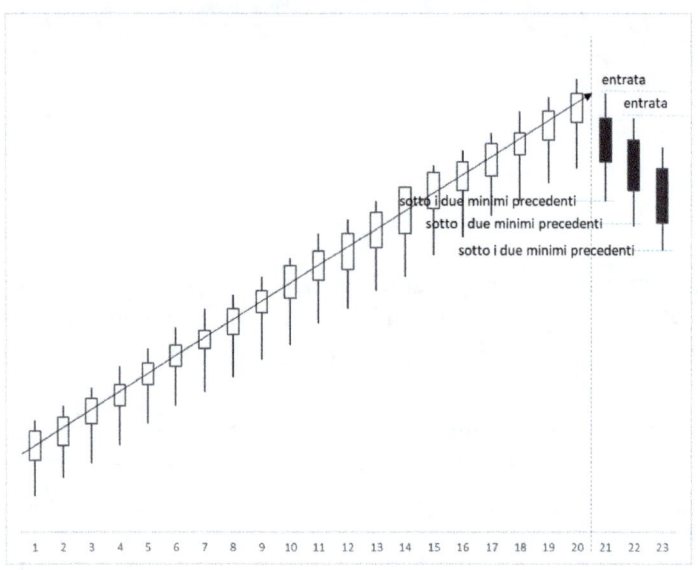

Kiss MA Goodbye

Il pattern "Kiss" si riferisce a una configurazione grafica che si verifica quando un titolo si allontana dalla media mobile semplice per almeno 10 periodi, o meno se il trend è particolarmente forte, mostrando quindi una luce, ossia un gap fra la media mobile e i minimi per almeno 10 giorni in un grafico daily. Successivamente, il titolo corregge fino ad attraversare al ribasso la media mobile per poi riattraversarla dal basso verso l'alto. In questo momento, si può andare long sopra il precedente massimo per trarre profitto dalla ripresa della tendenza al rialzo.

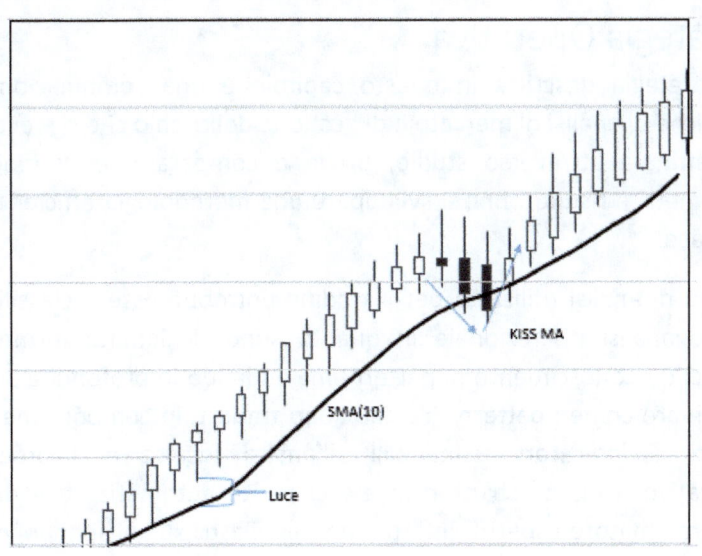

Strategia Operativa

La strategia descritta in questo capitolo è una combinazione di tecniche di analisi di mercato e di gestione del rischio che si è evoluta ed affinata attraverso studio, prove e comparazione di modelli, parametri e risultati fino a sviluppare una metodologia efficiente ed efficace.

Il tipo di analisi utilizzata per il trading potrebbe essere classificata come analisi discrezionale in quanto sono richiamate forme dei grafici e riconoscimento di pattern, ma andando in profondità si può osservare come i pattern ricercati sono tradotti in comportamenti e valori di indicatori assimilabili all'analisi tecnica e il processo operativo è rigido, strutturato e facilmente automatizzabile da un programmatore esperto. Infatti, uno dei pilastri su cui si appoggia la strategia è uno screener o scanner che seleziona una lista di titoli che presenta le caratteristiche ricercate. Poi un processo strutturato di analisi dei massimi e minimi di mercato permette di definire i limiti di entrata e uscita dell'ordine. Infine, l'importo da impegnare nel singolo trading è calcolato in automatico dalla formula utilizzata per il money management. Un altro pilastro fondamentale è la gestione e manutenzione degli ordini aperti, ossia la modifica degli ordini di stop protettivi in base all'evoluzione del titolo.

Il processo non è stato automatizzato, ma viene proposta e descritta una procedura di gestione manuale per poter monitorare l'andamento degli ordini in modo da comprendere il comportamento del mercato e poter avere una cognizione critica su aggiustamenti di parametri o evoluzioni della strategia.

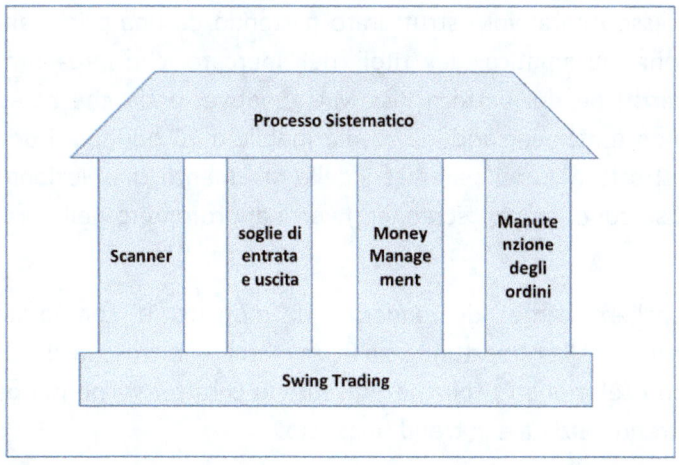

La descrizione dettagliata di questa strategia aiuterà a comprenderne i concetti chiave e a implementarla con successo nel trading.

- *Mercato azionario americano (NASDAQ e NYSE)*

Il mercato azionario americano rappresenta la scelta per il trading, poiché offre una vasta selezione di azioni su cui operare, molti volumi di scambio e un comportamento del mercato ben noto e più modellabile dallo schema ricercato. La scelta di operare sul mercato azionario americano (NASDAQ e NYSE) garantisce una maggiore disponibilità di azioni su cui cercare il pattern giusto e su cui operare.

- *Swing trading*

Il metodo di trading proposto è basato sul concetto di swing trading, ovvero una strategia in cui si cercano i rintracciamenti e le riprese della tendenza principale, utilizzando come pattern il pull back. Questa strategia è modellata sul comportamento del mercato, ben conosciuto e compreso, e mira a sfruttare le fluttuazioni della tendenza principale, per ottenere guadagni a breve termine.

- *Analisi dei titoli che presentano il pattern Kiss MA goodbye*

Il processo operativo è strutturato partendo da una prima analisi e selezione automatica dei titoli del mercato che presentano le caratteristiche del pattern Kiss MA goodbye, ossia che ritracciano toccando e attraversando la media mobile a 10 periodi. Il dettaglio della struttura e dei parametri dello strumento di selezione delle azioni su cui operare ("screener") verrà approfondito nelle prossime pagine.

Per cogliere cambi di tendenza di mercato e comunque per beneficiare delle opportunità sia in un mercato in crescita che in calo, vengono selezionati titoli che presentano caratteristiche del pattern in un trend rialzista e in trend ribassista.

È comunque necessario e opportuno avere una conferma della tendenza del titolo analizzato dal trend del settore a cui il titolo appartiene e dal trend del mercato in generale.

- *Obiettivo di rendimento di almeno 50% annuo*

L'obiettivo di questa strategia di trading è di ottenere un rendimento almeno del 50% lordo annuo (al netto delle spese di gestione e delle tasse).

Nella tabella seguente sono mostrati i risultati della operatività della strategia in un breve periodo con un portafoglio investito iniziale di 100.000 euro.

DATI DA 1/11/2022 A 30/12/2022

	NR	%	VALORE	VALORE/TRADE
TRADE IN PROFITTO	97	63,82%	€ 72.481,63	€ 747,23
TRADE IN PERDITA	55	36,18%	-€ 41.075,98	-€ 746,84
TOTALE	152		€ 31.405,65	

Nei due mesi di osservazione, fotografati in tabella, si è ottenuto un rendimento del 31%, che su proiezione annua potrebbe rappresentare un valore di molto superiore al 100% e quindi all'obiettivo, senza considerare l'ulteriore possibilità di aumentare i rendimenti grazie all'interesse composto. Tale rendimento è già detratto dalle commissioni, ma non dalle tasse.

È importante sottolineare che non tutte le posizioni sono state in profitto, ma grazie alla gestione del rischio e al money management, il bilancio fra trade in profitto e trade in perdita è decisamente positivo.

Il grafico sotto mostra come evolve il valore cumulativo dei rendimenti nei giorni applicando quotidianamente la strategia. Il grafico è confrontato con i profitti teorici che si dovrebbero ottenere per avere una proiezione ad un rendimento annuo del 50% ed è confrontato con il rendimento che si sarebbe ottenuto nel periodo di riferimento investendo il portafoglio nell'indice di riferimento che è lo S&P500.

L'S&P500 era in un bear market (mercato ribassista) ed ha ottenuto rendimenti negativi, ma i risultati della strategia sono stati comunque positivi grazie alla possibilità di eseguire vendite allo scoperto inseguendo la tendenza al ribasso.

Le oscillazioni del rendimento danno la possibilità di apprezzare l'impatto dei drawdown e la loro ampiezza contenuta grazie al metodo di gestione del rischio.

Il rendimento del trade è penalizzato dalle commissioni applicate dal broker. Nel periodo di osservazione mostrato nel grafico, considerando tutti i trade eseguiti, si è consuntivato un valore complessivo delle commissioni pari a circa il 3% del rendimento. È importante non dimenticare che le commissioni sono spese che si sommano per ogni operazione, sia che abbia esito positivo sia che abbia esito negativo.

Osservando un altro periodo, in cui il mercato sottostante ha avuto movimenti laterali e quindi con tendenze non ben definite e continuative, con un portafoglio complessivo di trading di 2000€, si sono ottenuti i risultati riportati in tabella:

DATI DA 1/2/2023 A 30/4/2023

	Nr	%	Valore	Valore/trade
TRADE IN PROFITTO	44	49,4%	1.294,06 €	29,41 €
TRADE IN PREDITA	45	50,6%	- 996,90 €	22,15 €
TOTALE	**89**		**297,16 €**	

La quantità di trade conclusi positivamente è lievemente in svantaggio rispetto i trade in perdita, tuttavia, grazie al controllo e gestione degli stop protettivi il bilancio complessivo è positivo. Come si osserva dal grafico seguente che rappresenta l'evoluzione dei rendimenti della strategia e dell'indice S&P500 nel periodo di osservazione, la strategia ha avuto una performance allineata con il rendimento obiettivo mostrando alla fine dei tre mesi di osservazione un rendimento del 14,9% contro il 13,0% di obiettivo e il 2,0% dell'indice S&P500.

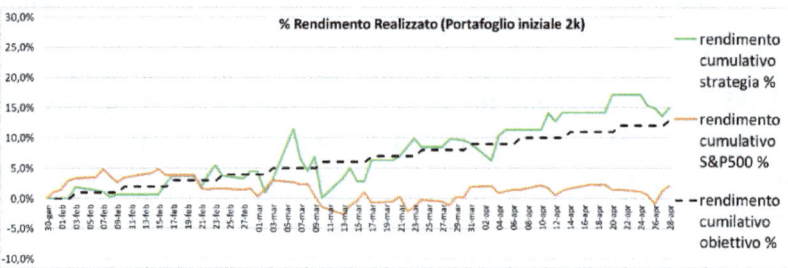

- *Impegno di 45/60 minuti al giorno*

L'analisi del mercato e dei pattern, l'inserimento degli ordini e la gestione e manutenzione degli ordini aperti e pendenti deve avvenire a mercato chiuso. Operando nella borsa NYSE e NASDAQ, l'applicazione del metodo in Italia deve avvenire fra le ore 22.00 del giorno di chiusura e le ore 15.30 del giorno successivo per via del fuso orario in quanto l'orario di trading per la Borsa di New York (NYSE) e NASDAQ è dalle 9:30 AM alle 4 PM Eastern Standard Time (EST), orario di New York.

L'impegno complessivo quotidiano per applicare il metodo proposto è stato misurato ed ha mostrato una durata media di 40 minuti al giorno, con un massimo di 66 minuti in caso di più valutazioni di azioni o più ordini da inserire. La tabella seguente mostra il dettaglio della durata media e massima di ogni passo del processo operativo che saranno descritti nelle prossime pagine.

OPERAZIONE	DURATA [MIN]	
	MEDIA	MAX
REGISTRAZIONE E CONTROLLO ORDINI ESEGUITI	7	13
MANUTENZIONE ORDINI	8	15
REGISTRAZIONE P&L GIORNATA	3	5
SCREENING E VALUTAZIONE OPERAZIONI DA ORDINARE	14	20
INSERIMENTO NUOVI ORDINI	8	13
TOTALE	40	66

La durata e l'intervallo orario per l'applicazione del metodo si adatta molto bene alle esigenze lavorative, di famiglia o di studio permettendo la flessibilità di dedicarsi al trading senza troppi vincoli sugli orari.

- *Apertura a mercato e take profit anche in pre e post mercato*

Il metodo di trading è caratterizzato dal fatto che gli ordini per aprire un trade devono essere effettuati utilizzando un ordine stop a mercato (RTH – Regular Trading Hours) e gli ordini di take profit possono avere la possibilità di essere eseguiti anche fuori dagli orari di contrattazione normali. Questo permette di cogliere le opportunità di profitto se ci sono condizioni favorevoli negli scambi pre e post mercato. In questo modo, è possibile massimizzare il potenziale di profitto.

L'ordine stop è un tipo di ordine che viene utilizzato nel trading e viene impostato a un prezzo definito, detto prezzo di stop. Non appena il prezzo raggiunge il livello di stop, l'ordine viene eseguito automaticamente come un ordine a mercato.

Impostando un acquisto con stop vengono acquistate dal broker un numero di quote definite, quando sono disponibili, appena viene raggiunto e superato il prezzo di stop definito.

Se si ha una posizione long aperta, l'ordine stop di vendita può essere usato per limitare le perdite in caso il prezzo delle azioni scenda oltre un livello accettabile.

In sintesi, le caratteristiche principali dell'ordine stop sono:

- Impostato a un prezzo predefinito, detto prezzo di stop
- Viene eseguito automaticamente come un ordine a mercato non appena il prezzo raggiunge il livello di stop
- Viene utilizzato per gestire il rischio di una posizione aperta
- Serve a limitare le perdite su una posizione aperta al prezzo minimo previsto dal trader.

L'ordine di take profit si ha con una posizione long aperta quando si vuole preimpostare un livello di prezzo minimo oltre il quale si deve eseguire l'ordine di vendere le azioni per poter prendere profitto in automatico. L'ordine di take profit deve avere la possibilità di essere eseguito anche durante le sessioni di preapertura e post-chiusura del mercato. È importante che il broker con cui si opera offra tale possibilità.

L'ordine di take profit è anche chiamato ordine limit.

Il pre-mercato e il post-mercato sono i periodi di tempo prima e dopo gli orari regolari di negoziazione delle azioni sui mercati finanziari. Questi periodi possono essere più volatili rispetto al normale orario di negoziazione, poiché c'è una minore liquidità e la presenza di un numero limitato di operatori. Tuttavia, offrono anche opportunità per gli investitori che desiderano negoziare in momenti diversi dalla normale sessione di mercato.

Tale orario esteso va dalle 04:00 AM alle 20:00 PM orario di New York, ossia dalle 10:00 AM alle 02:00 AM in Italia.

Nel caso di posizioni short, le caratteristiche degli stop e dei take profit sono speculari. Con un ordine di vendita stop si vendono le azioni quando il prezzo scende sotto il prezzo preimpostato, e si ha take profit acquistando le azioni, quindi terminando la vendita allo scoperto, quando il prezzo scende ulteriormente sotto un livello preimpostato.

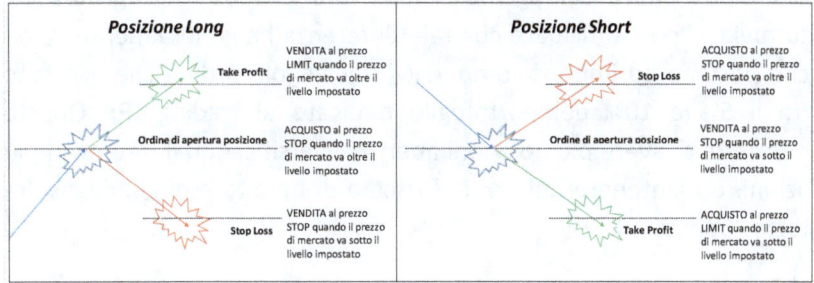

- *Money Management*

La strategia prevede una metodologia di money management rigorosa, finalizzata a controllare al meglio il rischio di perdita.

Come già ribadito, il patrimonio impiegato nel trading non deve superare il 15-20% del totale investito per non mettere a rischio il fondo di sicurezza e investimenti per progetti a lungo termine. Il patrimonio investito non deve essere comunque rappresentato da una somma di denaro che se persa metterebbe a rischio la sicurezza economica e la possibilità di saldare debiti.

Definita la quantità da voler utilizzare nel trading (*P*), si assume che il rischio di perdita (*L*) per singola operazione è limitato ad un massimo del 1% di tale ammontare.

$$L = P \times 1\% = P \times 0{,}01$$

Il numero di quote (*Q*) da acquistare per ogni operazione viene calcolato come rapporto fra la perdita ammessa (*L*) e la differenza fra prezzo d'apertura e lo stop protettivo (*D*).

$$Q = \frac{L}{D} = \frac{P \times 0{,}01}{D}$$

Con la formula impostata in un foglio di calcolo è possibile definire velocemente il numero di quote da inserire nell'ordine una volta definito il limite di apertura e il livello di stop protettivo avendo fissato la percentuale del portafoglio di trading che si vuole rischiare.

Nelle prossime pagine verrà descritta la modalità operativa per definire il limite del prezzo di apertura e dello stop protettivo; tuttavia, si può anticipare che tale differenza ha generalmente valori che portano ad importi complessivi del singolo ordine che oscillano fra il 5% e 10% del portafoglio dedicato al trading (*P*). Questo permette di avere più posizioni aperte, diversificando il trading in più azioni, e mantenere uniforme il rischio di perdita e di guadagno fra tutte le posizioni.

L'obiettivo della strategia è essere profittevole e ciò porta a far crescere l'ammontare del proprio conto di trading per cui si beneficia costantemente dell'interesse composto in quanto, crescendo P, aumenta proporzionalmente l'importo in ogni singolo trade e quindi il valore dei profitti. Pertanto, se si utilizza un foglio di calcolo si deve periodicamente allineare P al totale del proprio conto trading. Tale periodo può essere fra due settimane e un mese oppure si possono definire livelli significativi del portafoglio in cui fare aggiornare l'importo nella formula.

- *Diversificare in più settori*

La diversificazione è un aspetto importante nella gestione del rischio. Essa consiste nell'aprire posizioni in una varietà di settori diversi. Questo è importante perché se si investe in un solo settore, si corre il rischio che un cambiamento improvviso della tendenza del settore possa causare una perdita significativa del portafoglio. La diversificazione aiuta a mitigare questo rischio, distribuendo il proprio investimento su una serie di settori diversi, possibilmente de correlati fra di loro.

Quando vengono analizzate le azioni estratte dallo screener è necessario verificare a quali settori appartengono e quanto tale settore pesa fra gli ordini in esecuzione. È razionale immaginare che in certi periodi le aziende dello stesso settore mostrino lo stesso pattern venendo selezionate dallo screener, ma non si deve cadere nella tentazione di esaurire la liquidità del portafoglio aprendo ordini su tutte le azioni che mostrano le caratteristiche su cui poter speculare se il portafoglio è troppo sbilanciato sul settore.

L'insieme delle azioni di un settore non dovrebbe eccedere il 30% del proprio portafoglio di trading.

Broker

l'importanza della scelta del broker con cui operare è già stata affrontata direttamente e indirettamente. Le caratteristiche fondamentali da osservare per la scelta sono:

- Costi di commissione
- Quantità di azioni su cui poter eseguire ordini
- Possibilità di immettere ordini stop e ordini limit
- Possibilità di eseguire ordini limit fuori dagli orari di mercato
- Regime amministrato o assistenza con documenti per il regime dichiarativo
- Possibilità di esercitarsi con un conto demo
- Affidabilità e reputazione

Questo testo non ha come sponsor broker o banche, ma avendo trovato caratteristiche positive ai punti sopra, la strategia descritta è stata implementata utilizzando Interactive Brokers per aprire il conto di trading, inserire e gestire gli ordini.

Interactive Brokers (IBKR) è una piattaforma di trading online che offre ai propri clienti la possibilità di fare trading anche a margine. Ciò significa che il broker presta denaro al trader per investire. Per quanto riguarda le azioni, il margine per aprire e mantenere le posizioni è variabile e dipende dalla volatilità della singola azione. Più l'azione è variabile e meno sarà la leva concessa per l'ordine.

Si ribadisce che l'utilizzo della leva finanziaria o del margine è fortemente sconsigliato in quando aumentano i rischi associati. Il money management utilizzato dalla strategia non prevede l'utilizzo della leva finanziaria.

IBKR permette di fare trading su una vasta gamma (oltre 10.000) di azioni delle borse NYSE e NASDAQ.

Le commissioni per le azioni statunitensi sono molto basse, solo 0,005$ per azione, ma aumentano con l'aumentare dell'importo dell'ordine. Per le azioni italiane, la commissione è di 4 euro a transazione.

I dati consuntivati dalla applicazione della strategia hanno mostrano che le commissioni complessive ammontano a circa il 3% del profitto realizzato.

Per quanto riguarda il regime dichiarativo, IBKR fornisce una pagina sul proprio sito web da cui estrarre un report con i movimenti dell'anno da consegnare poi al commercialista per inserirli nella dichiarazione dei redditi.

È importante conoscere le caratteristiche e il funzionamento del broker che si sceglie e utilizza per il trading.

Screener

Con screener o scanner si intende uno strumento che permette di avere una lista di sottostanti da osservare che rispettano delle condizioni impostate.

Nel dettaglio applicativo della strategia, dalla chiusura del mercato NYSE e NASDAQ, l'esecuzione dello screener permette di avere una prima selezione di poche di azioni in cui approfondire l'analisi dei pattern e degli indicatori e determinare, se selezionate, i limiti degli ordini di entrata ed uscita.

Il grande valore aggiunto di questo strumento nella strategia è quindi la capacità di vagliare in automatico i titoli che mostrano il comportamento desiderato per poter inserire gli ordini.

Il cuore, o meglio il cervello, dello strumento è un algoritmo che valuta i valori e le relazioni fra indicatori assunti da tutti i titoli delle borse nordamericane.

Indicatori

Di seguito sono descritti gli indicatori noti in analisi tecnica, utilizzati dall'algoritmo dello screener. Uno studio approfondito degli indicatori è consigliato e possibile grazie alla mole di materiale reperibile da testi e siti specializzati.

- SMA(10): media mobile semplice a 10 periodi.

- EMA(20): media mobile esponenziale a 20 periodi.

- EMA(30): media mobile esponenziale a 30 periodi.

- ROC(10): Rate of change a 10 periodi.
$$ROC(10) = \frac{C_{-1} - C_{-10}}{C_{-10}}$$
Dove C_{-10} è il prezzo di chiusura di 10 periodi antecedente il periodo attuale e C_{-1} rappresenta il prezzo di chiusura dell'ultimo periodo.

- MMROC10 - media mobile a 10 periodi dei ROC(10). Questo indicatore rappresenta la media della forza con cui il prezzo del titolo sta cambiando per esprimere la persistenza della tendenza.

$$MMROC(10) = \frac{\sum_{n=1}^{10} \frac{(C_{-n} - C_{-n-9})}{C_{-n-9}}}{10}$$

- MMROC100 - media mobile a 10 periodi dei ROC(100). Rappresenta la media della forza con cui il prezzo del titolo sta cambiando rispetto a 100 periodi precedenti ed esprime la persistenza della tendenza in un lungo periodo e di quanto il grafico si muove verticalmente.

- HV(50) - volatilità statistica (historical volatility) in 50 periodi.

- Vol(50) - media semplice dei volumi di scambio in 50 periodi.

- RSC - Forza relativa o paragone contro l'indice S&P500, misura la forza del titolo rispetto l'indice sottostante. L'indicatore è maggiore di zero se l'azione cresce di valore più dell'indice oppure se si deprezza più lentamente rispetto lo S&P500.

Algoritmo

La selezione dei titoli deve avvenire elaborando la variazione dei prezzi in un grafico giornaliero (daily), quindi i periodi utilizzati dagli indicatori rappresentano i giorni di trading e la rappresentazione grafica deve mostrare delle candele giornaliere.

Sono stati sviluppati due screener che lavorano in modo simmetrico, uno per selezionare titoli che hanno una tendenza crescente ed uno per il trend decrescente. Per questo motivo, se fatti eseguire alternativamente, permettono di avere due liste di azioni da valutare per avere posizioni sia con movimenti in espansione che in contrazione.

Quando tutto il mercato o un particolare settore mostra una forte tendenza in una direzione, ad esempio rialzista, allora lo screener che cerca titoli con tale trend avrà una lista più lunga dello screener che cerca il trend opposto per il fatto che la maggioranza delle azioni mostra un comportamento allineato al mercato. Per questo motivo il portafoglio di trading si adatterà alla tendenza del mercato, avendo più posizioni long in momenti di andamenti positivi e più posizioni short con andamenti negativi.

Nelle prossime pagine sono descritte le impostazioni e i criteri per le selezioni dei titoli utilizzate negli screener della strategia facendo riferimento agli indicatori descritti in precedenza.

Tendenza Crescente

Condizioni che devono essere soddisfatte contemporaneamente (*and*):

- SMA(10)>EMA(20)>EMA(30)

- MMROC10>0

- MMROC100>10

    - Queste condizioni permettono di caratterizzare una tendenza crescente con persistenza negli ultimi 10 periodi e con conferma del trend nel medio-lungo periodo.

- condizione A o (*or*) B:

    - Prezzo minimo al periodo -1 < SMA(10) al periodo -1 e Prezzo di chiusura al periodo -1 > SMA(10) al periodo -1.

    - Prezzo minimo al periodo appena chiuso < SMA(10) al periodo appena chiuso e Prezzo di chiusura al periodo appena chiuso > SMA(10) al periodo appena chiuso.

- Le condizioni vogliono cogliere il comportamento del pattern pullback "kiss MA Goodbye" dove i prezzi si avvicinano e baciano la SMA(10) intersecando la media mobile in discesa per poi chiudere sopra.

- Prezzo di chiusura > 3 USD

  - Condizione per evitare di avere in elenco titoli estremamente speculativi in cui poche variazioni di centesimi causano alta variabilità del prezzo in modo casuale.

- HV(50) > 0,5 (o 50%)

  - Condizione per avere un titolo non troppo statico e quindi avere un certo movimento del prezzo.

- Vol(50) > 500.000

  - Condizione per avere sufficiente volume di scambio e garantire di trovare compratori o venditori ed avere uno spread più basso del prezzo fra bid e ask.

- ROC(10)>10

  - Condizione per avere in lista i titoli che stanno avendo movimenti di prezzo più importanti.

Tendenza Decrescente

Condizioni di movimento del prezzo e degli indicatori di trend simmetriche rispetto alla tendenza crescente, con alcune particolarità che verranno descritte.

Condizioni che devono essere soddisfatte contemporaneamente (*and*):

- SMA(10)<EMA(20)<EMA(30)

- MMROC10<0

- MMROC100<-5

- condizione A o (*or*) B:

  - Prezzo massimo al periodo -1 > SMA(10) al periodo -1 e Prezzo di chiusura al periodo -1 < SMA(10) al periodo -1.

  - Prezzo massimo al periodo appena chiuso > SMA(10) al periodo appena chiuso e Prezzo di chiusura al periodo appena chiuso < SMA(10) al periodo appena chiuso.

- Prezzo di chiusura > 10 USD

    - Nelle operazioni short il prezzo deve scendere, quindi è opportuno partire da un livello di prezzo più alto rispetto allo sreener per tendenza al rialzo.

- HV(50) > 0,5 (o 50%)

- Vol(50) > 500.000

- ROC(10)<-10

Strumento Operativo

In rete è possibile trovare diverse proposte di screener o scanner che permettono di creare algoritmi con le condizioni desiderate. Anche alcuni broker hanno proposte di screener fra i servizi offerti come Interactive Brokes di cui abbiamo parlato nella sezione apposita. Tuttavia, tale scanner permette solo di impostare le condizioni fra i tantissimi criteri a disposizione ma non è in grado di poter descrivere la sequenza logica presentata in questo paragrafo.

Lo strumento utilizzato per selezionare le azioni è ProRealTime, una piattaforma di trading piuttosto completa che permette di programmare e creare indicatori, automatismi di trading e anche screener.

La versione non a pagamento ha il limite di aggiornare i dati solo a fine giornata, dopo la chiusura delle borse e non permette la rappresentazione grafica con timeframe o unità di tempo inferiori al giorno, ma per l'utilizzo nella strategia tali limitazioni non sono bloccanti essendo il giorno il periodo da utilizzare nella rappresentazione grafica e volendo fare le analisi per la selezione delle azioni a mercato chiuso.

Con lo strumento ProScreener sono stati creati due algoritmi con i criteri sopra descritti, uno per la selezione di azioni con la tendenza crescente e uno per quella decrescente. Nelle liste le azioni sono elencate mostrando il valore del ROC(10) per avere la possibilità di fare ordinamenti crescenti o decrescenti, mettendo in cima alla lista chi ha avuto un movimento di prezzo più ampio.

Gli screener sono impostati per creare elenchi di titoli selezionati dalla lista delle azioni quotate nella borsa NYSE e nella borsa NASDAQ. Verranno quindi create quattro liste: titoli con pattern crescente e titoli con pattern decrescente da borsa NYSE e pattern crescenti e decrescenti da NASDAQ. Mediamente la quantità totale di azioni da tutte le liste varia fra circa 50 a 10 in base alla vivacità del mercato. Per aumentare o ridurre la capacità di filtro si può agire sui parametri dei criteri di selezione impostati negli algoritmi.

Si invita ad uno studio sulle potenzialità e caratteristiche della piattaforma presentata o di altri screener disponibili. L'importante è avere la possibilità di inserire gli algoritmi di selezione descritti e poter selezionare le azioni quotate nelle due borse di riferimento.

La piattaforma ha la possibilità di avere il grafico dei titoli selezionati con la proiezione degli indicatori desiderati. Risulta utile avere la rappresentazione con candele giornaliere in cui sono proiettate anche le curve degli indicatori:

- SMA(10)

- EMA(20)
- EMA(30)
- RSC o Forza Relativa (Paragone con S&P500)

Questa rappresentazione permette di apprezzare il comportamento del titolo e vedere il pattern ricercato per lo swing trading osservando la presenza di luci fra i minimi e la SMA(10) e permette di avere una visualizzazione della forza relativa del titolo rispetto l'indice S&P500 utilizzato come riferimento del mercato.

L'immagine seguente mostra il grafico con le impostazioni definite.

Nei prossimi paragrafi sono descritte le modalità operative di utilizzo del grafico per determinare i livelli di entrata e uscita degli ordini.

Processo Sistematico Operativo

In questo capitolo sono ripresi i concetti e gli strumenti già toccati in precedenza, ma sono organizzati secondo il processo sistematico che governa la strategia in modo da presentare i passi operativi da seguire.

Dopo la chiusura dei mercati di riferimento, 22.00 in Italia, e prima della apertura del giorno successivo, ovvero le 15.30, vengono eseguiti in sequenza i passi da 1 a 5:

1. Manutenzione degli ordini pendenti e aperti.
2. Screening per avere una lista di titoli con il comportamento desiderato.
3. Analisi dei grafici delle azioni in lista per avere una conferma dei segnali.
4. Selezione delle azioni da prenotare e definizione dei limiti di entrata ed uscita dal mercato.
5. Inserimento degli ordini.

Per migliorare la comprensione del pilastro di manutenzione degli ordini, questo verrà presentato alla fine della sequenza.

2-Screening

Vengono eseguiti gli algoritmi:

- **Tendenza Crescente**, per ottenere la lista di azioni con cui fare operazioni long o di acquisto.
  La lista viene ordinata per il valore del ROC(10) decrescente dei titoli e si passa ad analizzare il grafico scorrendo la lista dalla azione con ROC(10) maggiore.

- **Tendenza Decrescente**, per ottenere la lista di azioni con cui fare operazioni short o di vendita allo scoperto.
  La lista viene ordinata con il valore ROC(10) crescente avendo l'azione con il valore negativo più grande in cima da cui si parte per analizzare il grafico fino alla fine della lista dove si trovano i valori negativi più bassi.

3-Analisi del Grafico

Per ogni azione estratta e presente nelle liste ottenute viene visualizzato ed analizzato il grafico, con periodo delle barre di 1 giorno, direttamente dalla piattaforma scelta per eseguire gli screening.

L'analisi del grafico ha l'obiettivo di mantenere ed annotare le azioni che soddisfano le condizioni sottoelencate, per procedere alla esecuzione dell'ordine. Le azioni con i grafici che non soddisfano i criteri vengono scartate.

- I grafici non devono mostrare movimenti laterali in cui la chiusura dell'ultima barra ha un valore ripetuto più volte entro i 2-3 mesi precedenti e i massimi e minimi rimangono entro una banda con resistenza e supporto orizzontale. Questa condizione vuole mantenere solo le azioni che presentano una chiara tendenza evitando di aprire ordini su quelle che hanno movimenti laterali.
  I grafici seguenti mostrano esempi di movimento laterale da scartare.

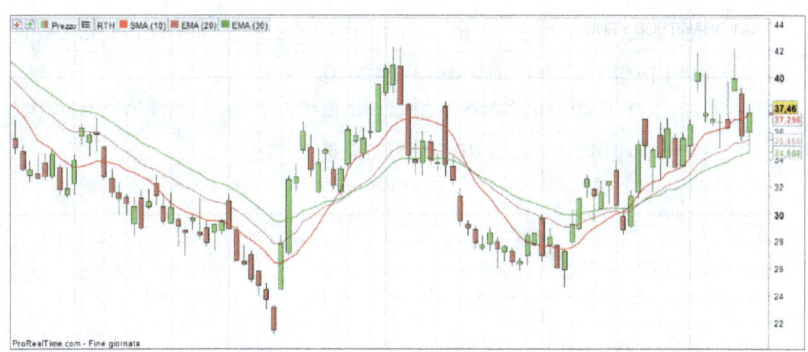

I grafici seguenti mostrano movimenti verticali su cui operare.

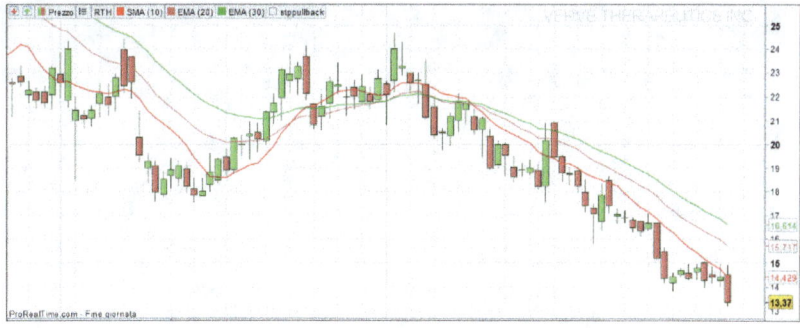

- I grafici non devono mostrare l'ultima o penultima barra con una forte crescita o decrescita e non devono mostrare prezzi di apertura con importanti gap rispetto il massimo o minimo precedente, a seconda della tendenza, per evitare un movimento violento in direzione opposta all'ordine causato dalla presa di profitto del mercato.

I grafici seguenti mostrano violenti movimenti di mercato nelle ultime sedute, da cui stare alla larga.

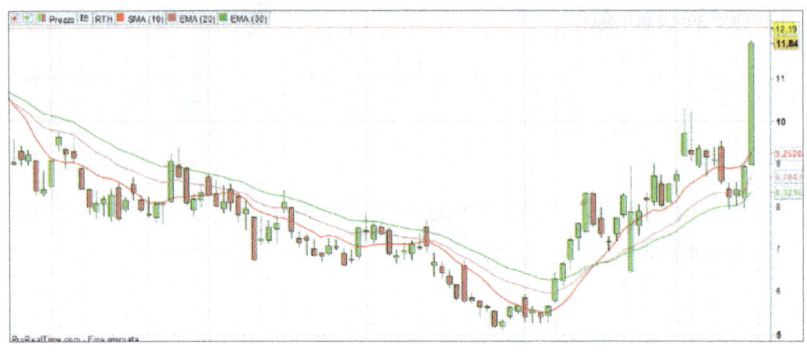

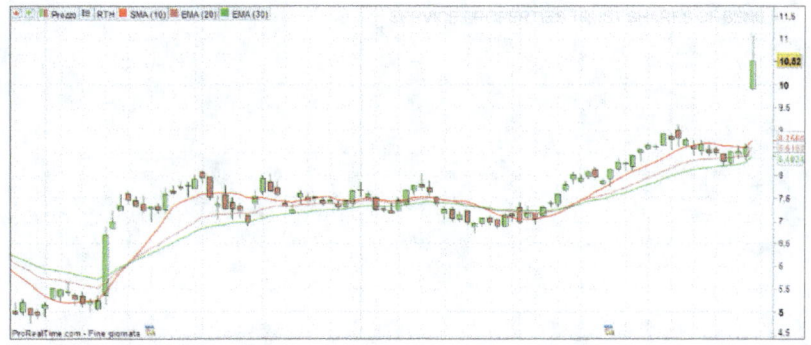

- L'indice di forza relativa (RSC) del titolo contro l'indice S&P500, nella giornata chiusa, dovrebbe essere maggiore di 0 per azioni con tendenza crescente e minore di 0 per titoli con tendenza decrescente per poter aprire ordini che mostrano più forza del mercato. Tuttavia, possono essere valutati anche titoli con forza relativa contraria se il grafico mostra una chiara persistenza nel trend.
La figura seguente mostra RSC>0 con tendenza crescente.

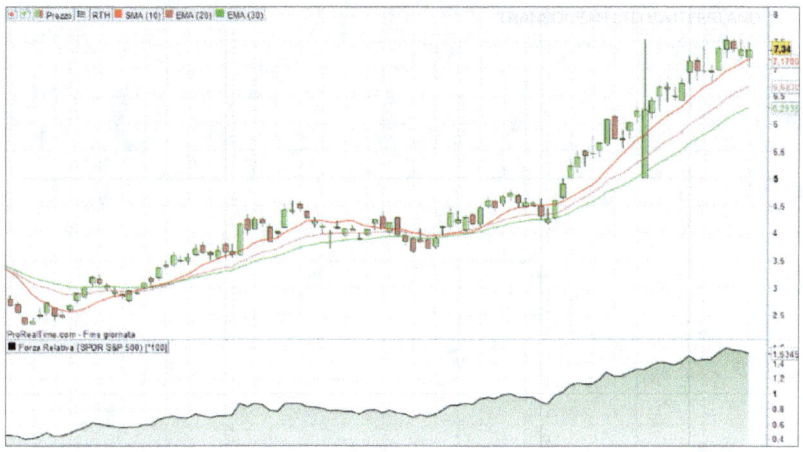

La figura seguente mostra RSC<0 con tendenza decrescente.

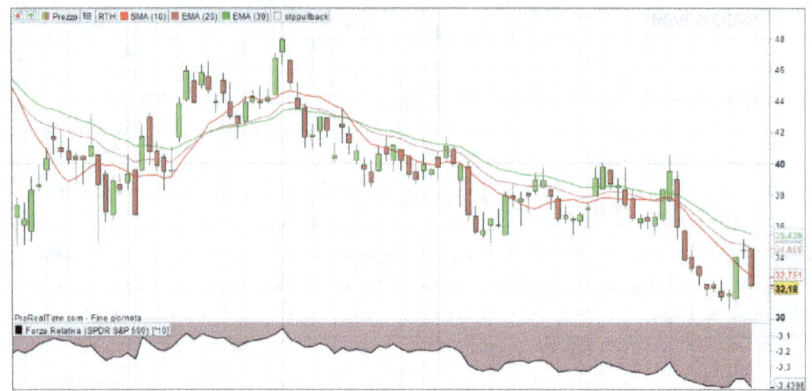

- Prima dell'ultima o penultima barra il grafico dovrebbe mostrare almeno 7 barre con luce fra il minimo e la SMA(10) per azioni con tendenza crescente o fra SMA(10) e il massimo per tendenza decrescente.

  Le figure seguenti mostrano degli esempi di grafici con luci prima del "bacio" con la media mobile.

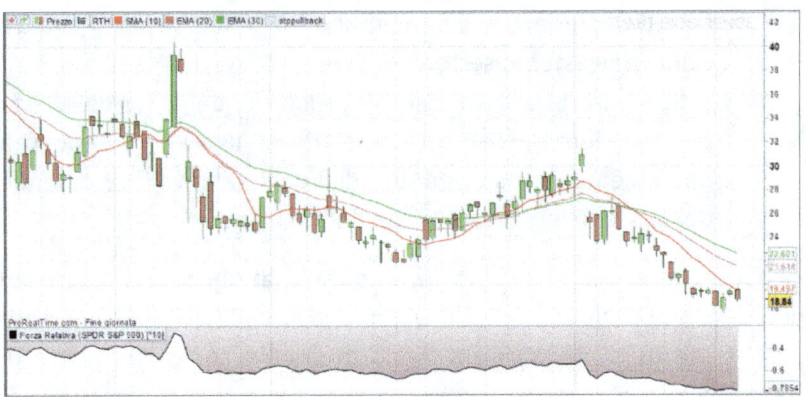

4-Selezione e Definizione Limiti dell'Ordine

Se, durante l'analisi del grafico, non si riscontrano i criteri per poter eseguire l'ordine non si deve forzare pur di aprire una posizione, ma serve avere pazienza ed attendere giornate in cui i movimenti di mercato saranno più vivaci e verranno proposte più azioni su cui operare.

- È bene cercare di avere non più di una ventina di ordini contemporaneamente aperti perché troppe operazioni attive aumentano la complessità di gestione, ma nemmeno troppo pochi ordini aperti sono consigliabili in quanto riduce la possibilità di diversificazione.
- Un' ulteriore limite sta nell'evitare che la somma delle operazioni aperte sia complessivamente superiore al valore del portafoglio di trading disponibile, anche se il margine concesso da alcuni broker permette la flessibilità di oltrepassare tale limite; tuttavia, va ricordato che si sta ricorrendo alla leva finanziaria e quindi ci si sta esponendo ad un rischio maggiore.
- Durante la selezione degli ordini dall'analisi dei grafici si deve diversificare fra più settori per evitare una inversione di trend non voluta sulla maggioranza del portafoglio. Se l'elenco di azioni selezionate per inserire l'ordine è sproporzionato su un settore, si possono sacrificare le azioni

con RSC inferiore o che mostrano meno luci rispetto le altre azioni dello stesso settore.

- Selezionare azioni ed inserire ordini pendenti sia dalla lista con tendenza crescente, sia dalla lista con tendenza decrescente. La quantità di ordini dalle relative liste dipende dalla fase di mercato, se crescente o meno.

In questa fase operativa di selezione delle azioni su cui aprire un ordine con la definizione dei livelli di entrata ed uscita dal mercato può essere utile utilizzare un foglio di calcolo come strumento di supporto.

I seguenti punti descrivono, con l'aiuto di esempi visivi, la sequenza di operazioni da eseguire a seguito di una analisi positiva del grafico:

- Annotare il tiker dell'azione
- Da lista con tendenza crescente;
  - Annotare sul foglio di calcolo come prezzo limite di apertura un valore appena superiore al massimo dei prezzi nei cinque periodi precedenti, compreso il periodo appena concluso. La differenza fra il valore di apertura e il massimo precedente serve per evitare false rotture del limite e l'entità di tale differenza dipende dalla volatilità del titolo in esame, solitamente lo scostamento vale circa fra l'1% del massimo e il 2% per i titoli a maggiore volatilità.
    L'immagine seguente mostra un esempio di lettura del massimo precedente e di definizione del limite di apertura.

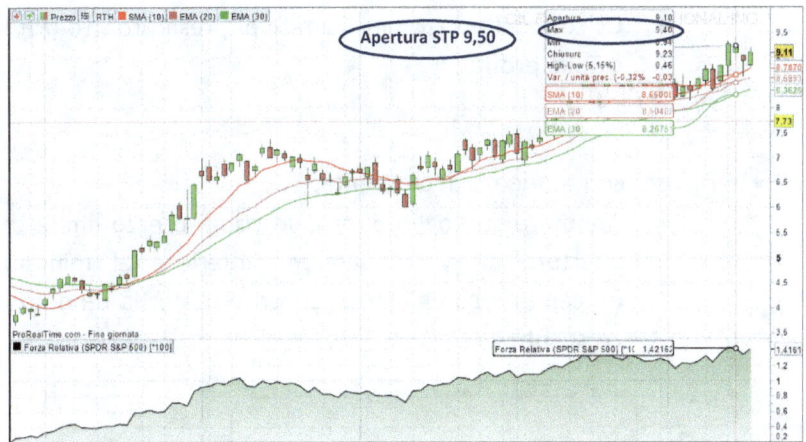

- Annotare sul foglio di calcolo il valore del minimo precedente come prezzo di stop protettivo, o stop loss. Il minimo corrisponde al prezzo inferiore toccato dall'azione nel suo ultimo movimento al ribasso in cui ha attraversato la curva SMA(10).

- Calcolare la differenza fra prezzo di apertura *(Pb)* e stop protettivo *(Psl)*.

$$D = Pb - Psl$$

- Calcolare il prezzo per il limite di presa profitto (*Ptp*) o Take profit.

$$Ptp = Pb + D$$

- Da lista con tendenza decrescente;
  - Annotare sul foglio di calcolo come prezzo limite di apertura un valore appena inferiore al minimo precedente con gli stessi criteri visti per la tendenza crescente.

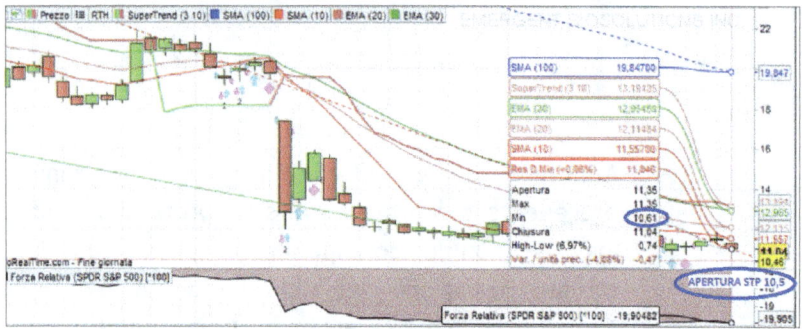

- Annotare sul foglio di calcolo come prezzo per lo stop protettivo il valore del massimo precedente.

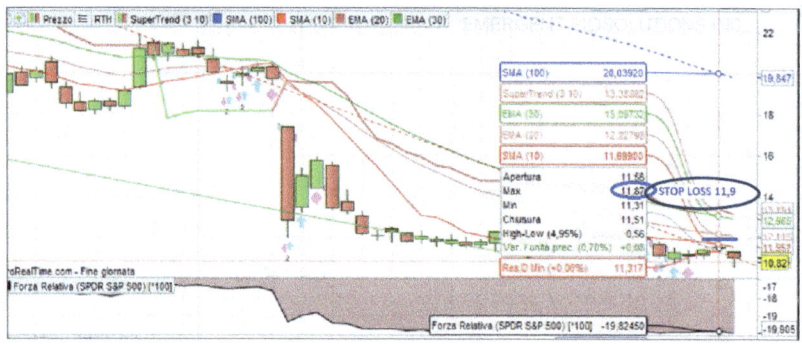

- Calcolare la differenza fra stop protettivo e prezzo di apertura.

$$D = Psl - Pb$$

  - Calcolare il prezzo per il limite di presa profitto.

$$Ptp = Pb - D$$

- Calcolare le quote (*Q*) da inserire nell'ordine.

$$Q = \frac{L}{D} = \frac{P \times 0,01}{D}$$

Dove *P* rappresenta il valore complessivo del capitale per il trading e *L* rappresenta la perdita accettabile con la singola operazione che è l'1% di *P*.

5-Inserimento degli Ordini

Come anticipato in precedenza il broker scelto per inserire gli ordini è Interactive Brokers e la descrizione dei passi e le immagini seguenti utilizzano le funzioni della "trader workstation" di IBKR; tuttavia, la procedura può essere adattata a qualsiasi mediatore scelto, purché permetta le stesse funzionalità.

Nella sezione di inserimento degli ordini sul mercato azionario:

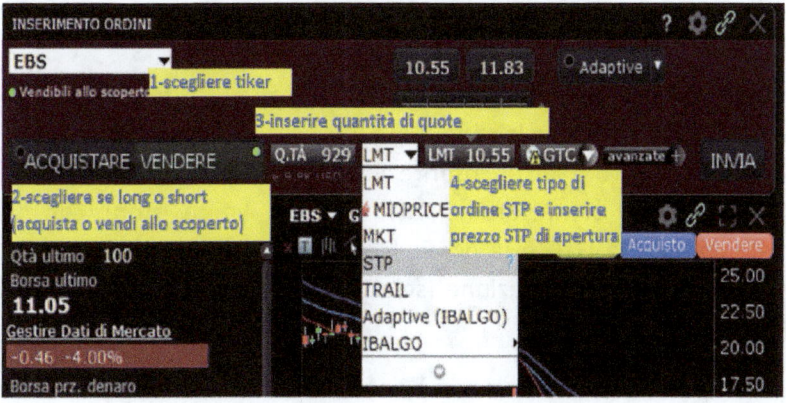

1. Inserire il tiker annotato dell'azione da ordinare.
2. Indicare il tipo di operazione, acquisto o long se il tiker è scelto dalla lista con tendenza crescente oppure vendita allo scoperto o short se il tiker è scelto dalla lista con tendenza decrescente.
3. Inserire la quantità di azioni da ordinare ricavate dal foglio di calcolo attraverso la formula per il money management.
4. Selezionare il tipo di ordine STP (Stop) e inserire il prezzo limite definito in precedenza per l'apertura.

L'ordine stop è un'istruzione di eseguire l'operazione di trading quando il prezzo di mercato raggiunge il livello indicato dal prezzo di apertura.

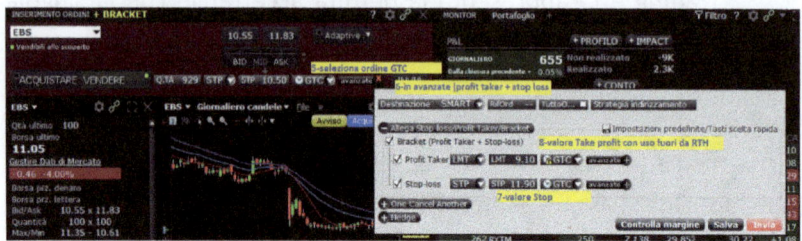

5. Impostare, per l'ordine, l'attributo GTC (Good Till Cancel) per mantenere valida la prenotazione anche dopo la chiusura della giornata. Se il broker lo consente si può impostare una scadenza dell'ordine pendente dopo 8 giorni lavorativi.

6. Nella sezione avanzate dell'ordine in IBKR, allegare all'ordine il limite per lo stop protettivo e il limite per prendere profitto.

7. Come stop-loss inserire il valore di stop protettivo definito in precedenza con la condizione GTC.

8. Come profit taker inserire il valore calcolato per prendere profitto come ordine LMT (ordine limite stop) con le proprietà GTC e la possibilità di essere eseguito fuori dagli orari di contrattazione (selezionare: "consenti uso fuori dal RTH").

Inviando l'ordine, questo rimarrà pendente fino a che la condizione per l'apertura verrà soddisfatta o fino alla cancellazione sua cancellazione come verrà descritto nel prossimo passo.

Nel caso di operazione di acquisto, se il prezzo di mercato supera il valore di apertura verranno ordinate e, se disponibili, acquistate la quantità di azioni indicate. L'ordine così aperto si chiuderà, vendendo le azioni, se il prezzo scende sotto il limite di top protettivo o se il prezzo supera il limite definito per la presa di profitto. Quest'ultima condizione si può verificare anche al di fuori dell'orario di mercato aperto.

1-Manutenzione degli Ordini

Questo passo è illustrato alla fine del processo sistematico per comprendere meglio come si combina con i passi precedentemente descritti, ma deve essere il primo ad essere eseguito ad ogni nuovo ciclo che inizia dalla chiusura dei mercati.

Utilizzando la piattaforma del broker scelto si devono seguire i punti sottoelencati.

- Controllare se sono stati chiusi degli ordini e registrare la performance in modo da monitorare il rendimento complessivamente realizzato rispetto l'obiettivo definito.
- Se il valore del portafoglio di trading cresce di un livello significativo che può essere ritenuto superiore al 10% allora è opportuno ribilanciare con il proprio portafoglio degli investimenti in modo da mantenere nel trading un valore fra il 15-20% del portafoglio complessivo. Questo ribilanciamento può essere fatto ogni 3-6 mesi sulla base del valore e della propensione al rischio.
- Al variare del valore complessivo del portafoglio di trading aggiornare la perdita massima ammessa, pari all'1% del portafoglio, per poter sfruttare l'interesse composto ed aumentare in numero di azioni da ordinare. È consigliabile fare questo aggiornamento solo al raggiungimento e mantenimento di un livello significativo del portafoglio di trading.
- Scorrere tutti gli ordini aperti e pendenti:
    - Per gli ordini aperti, modificare il valore impostato dello stop protettivo se si sono formati nuovi minimi a valori superiori rispetto lo stop-loss precedentemente impostato nel caso di posizioni long o se si sono presentati nuovi massimi a valori inferiori ai limiti precedenti per posizioni short.
    Il nuovo stop protettivo va rispettivamente impostato al nuovo minimo o al nuovo massimo individuato.

- Cancellare gli ordini pendenti che non sono stati eseguiti entro 8 giorni di mercato dall'inserimento.

  Le immagini seguenti mostrano un paio di casi di ordine pendente da annullare perché aperto da più di 8 sessioni di mercato.

- Cancellare gli ordini pendenti se il prezzo è sceso sotto il limite di stop-loss per ordini di acquisto o è salito sopra lo stop-loss per ordini di vendita.

Se le azioni soddisfano, nei passi successivi della strategia, le condizioni degli screener per poter aprire un nuovo ordine, si dovranno inserire nuovi limiti di apertura e chiusura e una diversa quantità nell'ordine in base alle nuove condizioni dei segnali.

L'immagine seguente mostra un ordine di acquisto pendente da annullare perché il prezzo è sceso sotto il limite dello stop protettivo.

Casi di Studio

Il processo sistematico, al cuore della strategia, è esemplificato con la descrizione operativa di alcune operazioni e i relativi risultati.

- Caso 1

Tiker: OIS

Dalla lista con tendenza positiva e forza relativa maggiore di 0.

Massimo prima del "bacio" con la SMA(10): 9,40

valore di apertura: 9,50

Minimo a 8,63

Stop protettivo (stop-loss): 8,60

Differenza: 9,50-8,60=0,90

Limite di presa profitto (take-profit): 10,40

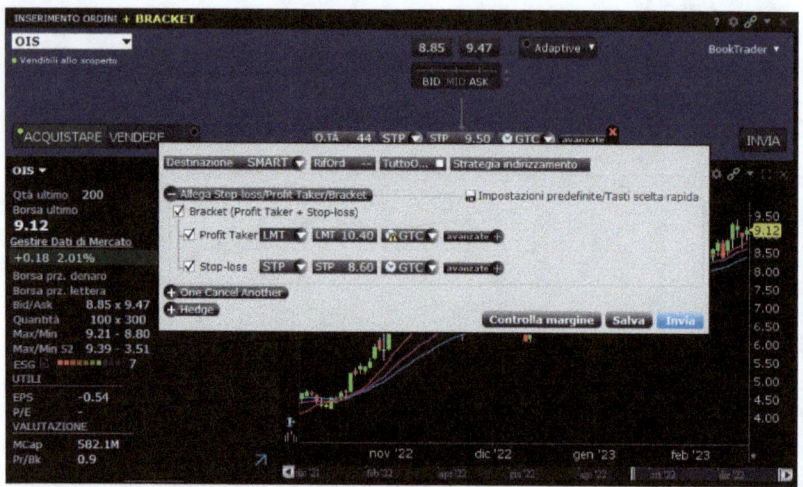

Il giorno seguente all'inserimento dell'ordine, il titolo ha superato durante la stessa giornata di mercato, il limite di apertura dell'ordine e il limite di presa profitto chiudendo positivamente il trade con un guadagno di quasi 9,5%.

- Caso 2

Tiker: CABA

Da lista con tendenza positiva e forza relativa maggiore di 0.

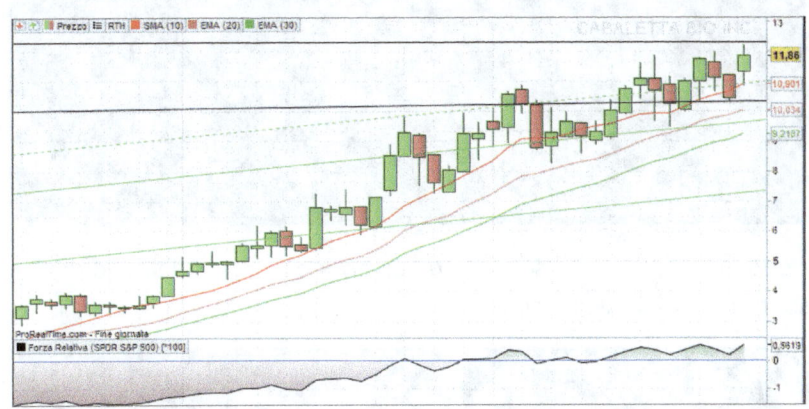

Massimo precedente: 12,20

Apertura: 12,30

Minimo precedente: 10,32

Stop-Loss: 10,30

Take-profit: 14,30

Dopo due giorni dall'inserimento dell'ordine il prezzo dell'azione supera il prezzo di apertura.

Dopo ulteriori tre giorni la tendenza è prossima al pareggio e presenta un nuovo minimo nella giornata precedente. Lo stop-loss si sposta da 10,30 a 11,45.

Dopo quattro giornate il prezzo precipita sotto il nuovo stop protettivo portando a chiudere il trade in perdita del 6,9%.

Il titolo ha continuato a scendere fino a perdere il 39% rispetto il valore di apertura.

- Caso 3

Tiker: BORR

Da lista con tendenza positiva e forza relativa maggiore di 0.

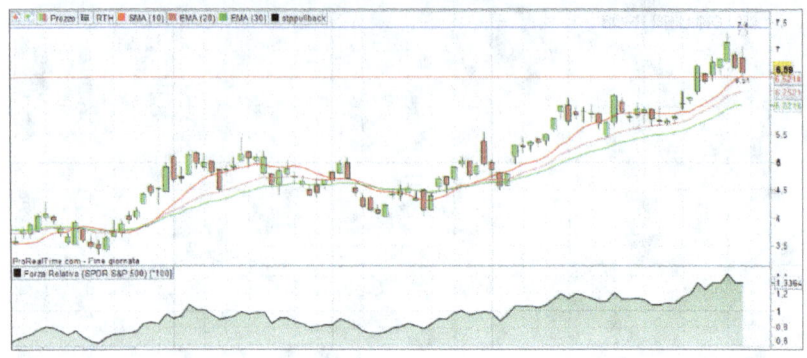

Massimo precedente: 7,30

Apertura: 7,40

Minimo precedente: 6,51

Stop-Loss: 6,50

Take-profit: 8,30

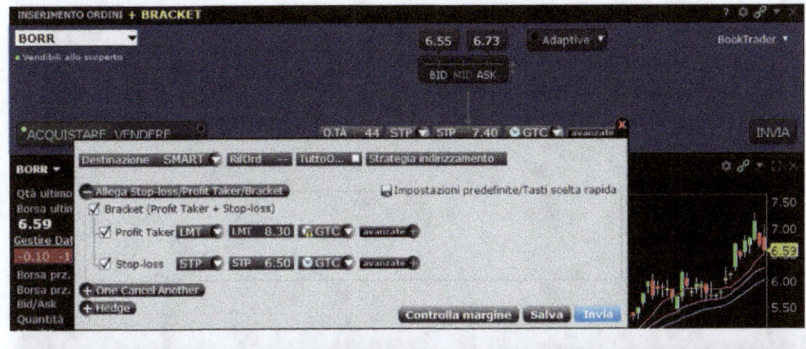

Durante la fase di manutenzione degli ordini, il giorno successivo, è stato annullato l'ordine pendente per perdita delle condizioni di validità delle soglie definite in quanto il prezzo è sceso sotto il limite dello stop protettivo.

- Caso 4

Tiker: SPWR

Da lista con tendenza decrescente.

Minimo precedente: 15,08

Apertura: 14,90

Massimo precedente: 18,15

Stop-Loss: 18,00

Take-profit: 11,80

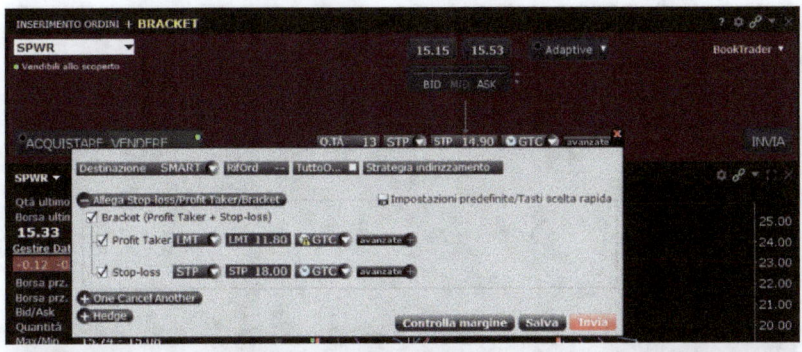

Il giorno di mercato seguente il prezzo è sceso sotto il livello di apertura innescando l'ordine di vendita allo scoperto delle quote definite.

La quinta giornata di ordine aperto ha evidenziato un nuovo massimo precedente e lo stop protettivo si porta a 15,90.

Il prezzo è poi salito rapidamente attivando lo stop protettivo con una chiusura dell'ordine allo scoperto di 15,99 generando un trade in perdita del 7,3%.

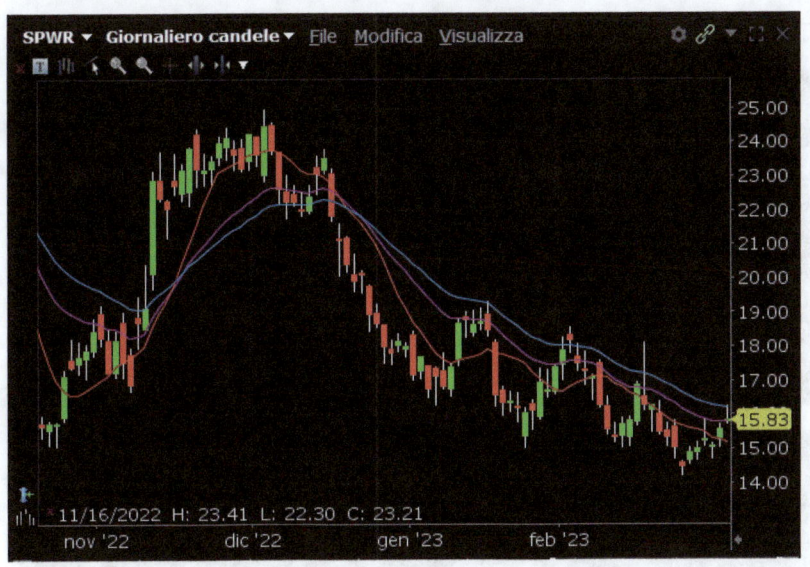

- Caso 5

Tiker: FRO

Da lista con tendenza crescente.

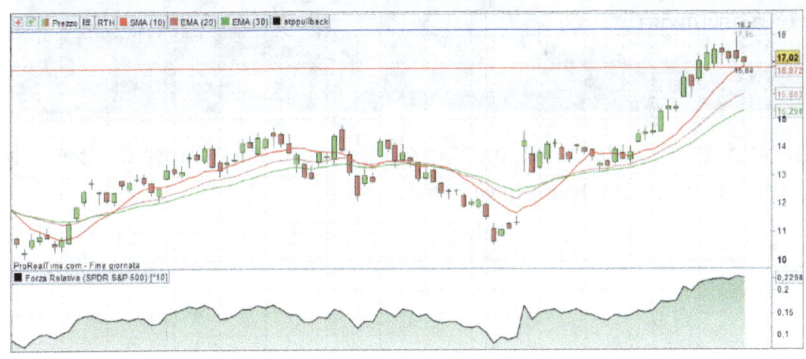

Massimo precedente: 17,96

Apertura: 18,20

Minimo precedente: 16,84

Stop-Loss: 16,80

Take-profit: 19,60

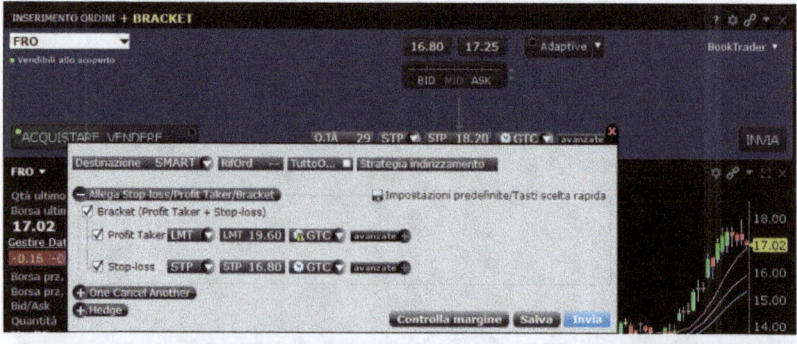

Dopo due giornate di trading il titolo ha superato il limite di apertura portando all'acquisto delle quote definite.

Dopo 5 giornate di mercato, con l'ordine in profitto si è formato un nuovo minimo precedente e lo stop-loss si è portato a 17,95.

Dopo la chiusura del sesto giorno di ordine aperto, durante le negoziazioni di post mercato il titolo è stato venduto all'obbiettivo di take-profit generando un profitto del 7,7%.

- Caso 6

Tiker: TWST

Da lista con tendenza decrescente.

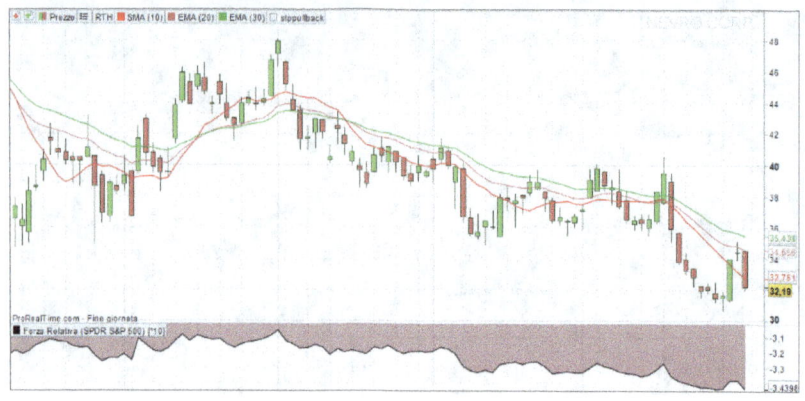

Minimo precedente: 17,71

Apertura: 17,40

Massimo precedente: 19,64

Stop-Loss: 19,70

Take-profit: 15,10

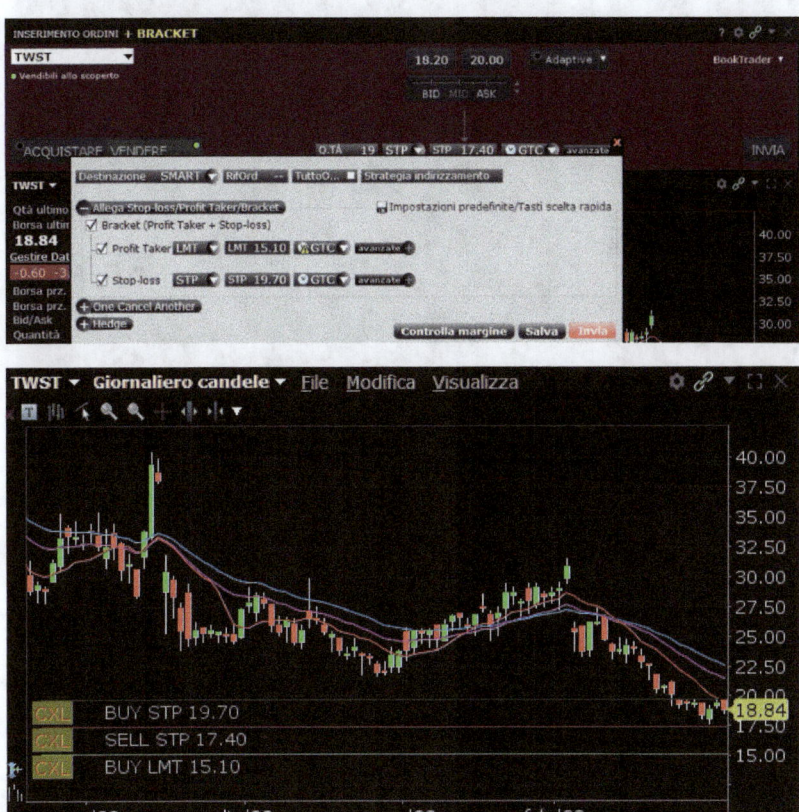

Dopo tre giornate di mercato il prezzo è sceso sotto il limite di apertura dell'ordine generando un ordine di vendita allo scoperto.

Durante la giornata di mercato successiva il prezzo del titolo scende sotto il livello di take-profit chiudendo la posizione a 15,10 con un profitto di 13,2%.

Conclusioni

La strategia presentata richiede approssimativamente un'ora al giorno per poter avere sotto controllo l'andamento degli ordini e per poter misurare costantemente l'efficacia dei parametri impostati per lo screener e per il money management.

Un utilizzo ripetuto con un conto di prova prima ed un conto reale poi permetterà di apprezzarne il comportamento in base alle condizioni di mercato e alle proprie scelte.

La strategia si fonda sul trading a fine giornata per permettere la flessibilità sugli orari e non essere vincolati a monitorare costantemente il mercato, questo porta anche alla riduzione dello stress causato dal vedere movimenti volatili o sfavorevoli.

Come mostrato nei casi studio e nei dati statistici, la strategia non genera ordini vincenti al 100% ma si pone di essere profittevole perdendo meno di quanto si guadagna con la manutenzione degli ordini aperti e cercando di riconoscere modelli di comportamento mediamente prevedibili.

Il miglioramento e l'evoluzione della strategia presentata avviene con la pratica e affrontando dubbi e critiche. Per tale motivo sono aperto a desideroso di ricevere riscontri, domande per chiarire aspetti che non ho affrontato con il dettaglio che avrebbero meritato e ricevere osservazioni o critiche per poter analizzare parti della strategia e apprendere da un altro punto di vista o con metodi alternativi.